EIFEL

Fotos: Bernd und Gabriele Steinicke

Text: Esther Steinicke

DIE SCHÖNSTEN LANDSCHAFTEN
IN DEUTSCHLAND

FLECHSIG

Titelseite:
Großes Bild: Reifferscheid
Kleine Bilder von oben nach unten:
– Schloß Bürresheim
– Bei Daun, im Zentrum der Vulkaneifel
– Marktplatz von Wittlich
– Monreal

Rücktitel:
Schalkenmehrener Maar

Seite 1: Majestätisch und erhaben präsentiert sich die Abteikirche des Klosters Maria Laach. Sie wurde in knapp anderthalb Jahrhunderten erbaut (1093–1230) und gilt als eines der schönsten Bauwerke der deutschen Romanik.
Seite 2/3: Der romantisch in der Nähe von Bettenfeld gelegene Windsborn mit seinem fast ganz erhaltenen und ringsum geschlossenen Kraterwall zählt zu den schönsten Eifelseen und ist der einzige echte Kratersee der Eifel.
Seite 4/5: Hochfläche bei Gillenfeld – fruchtbarer, lockerer Ackerboden aus den verwitterten Auswurfmassen der Vulkane gibt der Vulkaneifel ihr charakteristisches Gepräge.
Seite 7: Liebevoll, bis ins kleinste Detail renovierte Fachwerkhäuser wie in Olef machen den Reiz vieler Orte aus.
Seite 8: Von der in Hillesheim um 1300 errichteten Stadtbefestigung sind noch die Südseite und die anschließenden Stücke der West- und Ostseiten des Mauerrings vollständig erhalten. Die Stadt Hillesheim wurde wegen ihrer beispielhaften Altstadtsanierung ausgezeichnet.

Bildnachweis:
Wir danken dem Stadtarchiv Rheinbach, dem Kur- und Verkehrsamt Daun und der Kreisbildstelle Euskirchen für die Zurverfügungstellung der historischen Abbildungen.

Umwelthinweis:
Dieses Buch und der Umschlag wurden auf chlorfrei gebleichtem Papier gedruckt.
Die Einschrumpffolie – zum Schutz vor Verschmutzung – ist aus umweltverträglichem und recyclingfähigem PE-Material.

Sonderausgabe für Flechsig Buchvertrieb

Originalausgabe: Stürtz Verlag, Würzburg
Gesamtherstellung: AGORA United Graphic Services, b.v, Netherlands

ISBN 3-88189-253-2

Weinfelder Maar – Holzstich von 1878

DIE EIFEL – KULTUR- UND URLANDSCHAFT

Unabhängig aus welcher Himmelsrichtung man sich der Eifel nähert, überrascht sie mit einem abwechslungsreichen Erscheinungsbild. Mal weit und eben, ihren Charakter als Hochfläche preisgebend, wird sie andernorts von Tälern und Höhen unterschiedlichster Gestalt geprägt. Zahlreiche Flüsse und Bäche, die sich windend ihren Weg bahnen, und die stillen, in sich ruhenden Maare und Seen geben zusammen mit den Hochmoor-, Heide- und Wacholderlandschaften der Eifel einen unendlichen Formenreichtum.

Der Wechsel der Jahreszeiten mit seiner vielfältigen Farbpalette verwandelt die Eifel ein Dreiviertel des Jahres in eine offene, bunte Landschaft. Im Frühling dominieren Grün- und Gelbtöne, wobei die blühenden Löwenzahnwiesen von leuchtend gelben Rapsfeldern abgelöst werden, die im Zusammenspiel mit ihrer Umgebung streng grafische Muster formen, eine Landschaft wie von Mondrian geschaffen. Das leuchtende Gelb des Ginsters im Frühsommer, das Eifelgold, und die monumentalen Wolkengebilde auf strahlend blauem Himmel ergänzen das Farbenspiel. Das Grün des Sommers, von Feldern, Wiesen und den ausgedehnten Wäldern nuanciert, verändert sich mit dem

Heranreifen des Getreides und erhält neuerlich gelbe Farbakzente. Auch die Heide- und Moorlandschaften präsentieren sich in einem neuen Bild, mit der Blüte des Heidekrautes und des Wollgrases legen sie ein erikafarbenes und weißes Spätsommerkleid an. Der Herbst gehört dem sich verfärbenden Wald, zunächst leuchtet er gelblich-rot, geht dann langsam in Brauntöne über und leitet den Winter ein. An trüben, schneelosen Wintertagen rufen die entlaubten, kahlen Wälder, die fahlgelben Wiesen, die dunklen brachliegenden Äcker, die schwarzen Wasserflächen der Maare und Seen sowie die dichten Nebel besonders im Hohen Venn eine schwermütige Stimmung hervor. Jetzt entspricht die Eifel dem allgemein verbreiteten Klischee einer herben, schwermütigen Schönheit.

Die Vorgeschichte der Eifel läßt sich bis zu den Anfängen des Erdaltertums, dem Kambrium, zurückverfolgen. Im Laufe ihrer fast 500 Millionen Jahre umfassenden Entwicklung veränderte sich unter dem Einfluß verschiedenster tektonischer Kräfte in Verbindung mit wechselnden klimatischen Bedingungen das äußere Erscheinungsbild. Jede Veränderung hinterließ ihre Spuren, wobei das jüngste erdgeschichtliche Ereignis, der Vulkanismus, mit der Entstehung der Maare und Kraterseen, am nachhaltigsten den heutigen Charakter der Hoch- und, wie der Name bereits sagt, der Vulkaneifel bestimmt. Die vorangegangenen, älteren geologischen Phasen lassen sich schwerer nachweisen. Meistens sind sie von der Vegetation verborgen, die jedoch im Bereich der Eifeler Kalkmulden ein für die übrige Eifel völlig untypisches Artenspektrum entfaltet, das wegen seiner Abhängigkeit von diesen besonderen geologischen Voraussetzungen als Indiz für die devonische Epoche des Erdaltertums dient. Außerdem legten Flüsse und Bäche, die sich unermüdlich in das Gestein einfraßen, häufig die unterschiedlichsten geologischen Schichten frei. Neben diesen natürlichen »Baggern« ist auch der Mensch in Form des Bergbaus an der Sichtbarmachung der Erdgeschichte beteiligt. So gleicht ein unter geologischen Gesichtspunkten unternommener Streifzug durch die Eifel einer Reise durch die Zeit, vom Erdaltertum bis zur Erdneuzeit, und weckt mit etwas Phantasie Assoziationen zu Jules Vernes »Reise zum Mittelpunkt der Erde«.

Im Gegensatz zu der erdgeschichtlichen Kontinuität läßt sich die Kulturgeschichte in der Eifel mühsamer zurückverfolgen. Vielfach wurden die Spuren früher menschlicher Existenz von den nachfolgenden Generationen zerstört und gerieten daraufhin in Vergessenheit.

Hauptsächlich die jüngere Vergangenheit, das heißt die letzten 200 Jahre, haben das Bild der Eifel im öffentlichen Bewußtsein geprägt. Bedingt durch zahlreiche Kriege, die Eifel diente seit alters her unterschiedlichen Armeen als Aufmarschgebiet, und den daraus resultierenden Plünderungen und Zerstörungen entwickelte sich der Begriff Eifel zum Synonym für Armut, Rückständigkeit und Weltabgeschiedenheit; ein Vorurteil, das teilweise noch bis in unsere Gegenwart fortlebt und bei den Eifelern gerade im 19. Jahrhundert Identitätsprobleme hervorrief. Vor diesem Hintergrund erstaunt es keineswegs, daß sie beispielsweise um 1839 gegenüber dem Besucher Ernst Moritz Arndt ihre Zugehörigkeit zu dem ausschließlich mit negativen Bewertungen belegten Land verleugneten. Diese Begebenheit wurde von Arndt gleich zweimal literarisch verarbeitet, wobei die lyrische Fassung mit dem Titel »Zeugnis echt wie

Gold« weniger bekannt ist als die Aussage, daß zu der Eifel *»wunderlich genug kein Mensch gern gehören will, als die da wegen ihrer Wildheit und Rauhigkeit übel berüchtigt sey: denn jeder schiebt die Eifel gern so weit als möglich von sich, als wenn von einer ungesegneten oder von einer versegneten Wüste die Rede wäre«.* Mit der Veröffentlichung dieser Abwehrhaltung hat Arndt ungewollt an der Verbreitung bereits existierender Vorurteile mitgewirkt. Literaten und Künstler, mit ihnen Arndt, entdeckten zwar die dem damaligen Zeitgeist der Romantik entsprechenden Naturschönheiten der Eifel, doch ihrer Bedeutung als uraltes Kulturland schenkten sie wenig Aufmerksamkeit.

Erst in unserem Jahrhundert widmet man sich verstärkt den, trotz enormer Verluste, immer noch reichlich vorhandenen archäologischen und kunsthistorischen Sehenswürdigkeiten, meist mittelalterliche Zeugnisse. So gewinnt die Tatsache, daß die Eifel bereits seit der Jungsteinzeit besiedelt wurde und sowohl zu Zeiten der Römer als auch im Verlauf des Spätmittelalters ein blühendes Land mit einer ausgeprägten Industrie und einem florierenden Handel war, zunehmend an Bekanntheit und führt zu einer differenzierteren und objektiveren Betrachtungsweise. Gerade die Dualität von Kultur- und Naturerlebnis weckt ein wachsendes Interesse an diesem so lange vernachlässigten Teil Deutschlands, der sich mittlerweile vom »ungeliebten Kind der Nation« zum beliebten Urlaubs- und Erholungsgebiet gewandelt hat. An Wochenenden findet ein wahrer Exodus stadtmüder Bewohner des Ruhrgebietes und der anliegenden Großstädte statt, die nach dem Motto »Zurück zur Natur« die Eifel als Ausflugsziel wählen. Auch bei den holländischen und belgischen Nachbarn erfreut sich die Eifel immer größer werdender Beliebtheit. Obwohl der Tourismus als Wirtschaftsfaktor eine immer wichtigere Rolle spielt, herrscht in der Eifel, abgesehen von einigen der Hauptattraktionen und touristischen Highlights wie Abtei Maria Laach, Burg Eltz, Monschau, Bad Münstereifel, Adenau, Nürburgring oder den Dauner Maaren, die saisonbedingt hohe Besucherzahlen verzeichnen, nach wie vor kein Massenansturm.

Wichtige Voraussetzung für den Fremdenverkehr waren die im 19. Jahrhundert noch als Manko empfundene Abgeschiedenheit und Unwirtlichkeit. Sie verhinderten über weite Bereiche eine Erschließung und bewahrten so der Natur eine gewisse Urtümlichkeit, deren Charme die Menschen anzieht und ihr elementares Bedürfnis nach Ruhe, Erholung und Natur befriedigt. Ebenfalls positiv wirkten sich die erst späte Industrialisierung des Landes und die Modernisierung der Orte aus, da sie zu einem Zeitpunkt begannen, als bereits ein Bewußtsein für die Notwendigkeit eines Kompromisses zwischen Tradition und Fortschritt unter Berücksichtigung der Umwelt und der gewachsenen Architektur vorhanden war. So favorisierte man bei der Verbesserung der Infrastruktur die Ansiedlung einer »sauberen« Industrie ohne Luftverschmutzung und Lärm, die weder die Existenz der Wälder noch die der zahlreichen Kurorte gefährdet. Wie problematisch allerdings auch eine »schadstofffreie« Industrie sein kann, zeigt sich am Bergbau, der das von der Erdgeschichte in der Eifel weitgefächerte Angebot an Fest- und Lockersteinen intensiv nutzt und so in manchen Gegenden erheblich den Landschaftscharakter umwandelt oder gar deformiert. Der Grundsatz, der dem Naturschutz generell eine Vorrangstellung gegenüber den Belangen des Bergbaues zusichert, trägt nun teilweise dazu bei, dem Raubbau Einhalt zu gebieten.

Außer der traditionsreichen Steinindustrie konnten sich auch die Mineralwasserindustrie und beispielsweise das Töpferhandwerk etablieren, während für viele alte, in der Eifel heimische Handwerksberufe wie Dorfschmiede, Stellmacher, Korbmacher, Kalkbrenner, Mausefallenhersteller, Flachsspinner oder Weber die Zeit abgelaufen scheint. Es überlebten dank der allgemeinen Grillust einige Köhler, und auch das traditionsreiche Wandergewerbe verkauft trotz starker Konkurrenz immer noch, über die Dörfer tingelnd, weit über die Grenzen der Eifel hinaus, Haushaltswaren aller Art und das charakteristische Eifeler Steingut.

Die Wurzeln des Eifeler Töpferhandwerkes lassen sich bis in die Antike zurückverfolgen, und seine Produkte waren lange Zeit feste Bestandteile jedes Haushaltes in der Eifel. Durch den Tourismus bekamen die Töpfereien in Speicher und im Raum Meckenheim-Adendorf wieder Auftrieb und erwachten zu neuer Blüte. An die alten, ausgestorbenen Handwerksberufe erinnern noch viele der in die Türstürze eingearbeiteten Handwerkerzeichen, wie überhaupt die Architektur ihre eigene Geschichte über die politische und soziale Situation in der Eifel erzählt. Das Fehlen von Ballungszentren und die Dominanz der Landschaft, in der Städte und Dörfer, die seit dem Ende des Spätmittelalters die Zentren des Lebens und der Wirtschaft bildeten, verstreut liegen, resultierten größtenteils aus der ab dem 9. Jahrhundert währenden territorialen Zersplitterung des Landes. Das jeweilige Erscheinungsbild der Orte hängt davon ab, ob sie als Markt- oder Burgstadt bzw. Burgdorf gegründet wurden und wie sich das Wirtschaftsleben in ihnen entwickelte, d.h. inwieweit sich ein finanzkräftiges und damit baufreudiges Bürgertum etablieren konnte. In Abhängigkeit vom Bauherrn paßte sich der traditionelle Fachwerkstil, in dem landesüblich ein Großteil aller Profanbauten, Bauern- und Bürgerhäuser errichtet wurde, den klimatischen und geologischen Bedingungen an, wobei die Vennhäuser mit ihren lebenden Zäunen, meist *Buchenschutzhecken*, als Musterbeispiel einer gelungenen Synthese gelten. Von dieser typischen Holzbauweise weichen die Häuser im Osten und Südosten sowie in der Pellenz ab, da man für ihre Konstruktion das verfügbare Gesteinsmaterial, Tuff- und Bruchstein (Basaltlava und Lavaschlacke), Krotzen, Schiefer und Schwemmsteine, verwendete. Die Sandsteinvorkommen lösten weitere regionale Stilvariationen aus und beeinflußten im besonderen Maße die Architektur in der Wittlicher Senke und im Bereich von Nideggen und Bolldendorf.

Während in den Städten die Sorge um den Erhalt der alten Bausubstanz meist in staatlicher Hand liegt, verdanken viele alte Mühlen und Bauernhöfe ihre Rettung vor dem Abriß der Privatinitiative Einheimischer und zahlreicher Städter, die sie liebevoll renovierten, um sie als Wohn- oder Wochenendhaus zu nutzen. Ohne dieses Engagement hätte sich das ursprüngliche Ortsbild vieler Dörfer kaum erhalten, andere, mit einer äußerst geringen Einwohnerzahl und einsam gelegen, wären gar ausgestorben und von der Landkarte verschwunden.

Die historische Dimension, welche Dörfer und Städte durch ihre Restaurierung wieder erhalten haben, die intakten Ortskerne mit der Kirche als Mittelpunkt, um die sich die Häuser gruppieren, verleitet manchmal zu einer nostalgischen Be-

Blankenheim – Stich von N. Ponsart

trachtungsweise, obwohl es sich hier um moderne Wohnbereiche mit hoher Lebensqualität handelt. Die Zeiten (1893), in denen sich noch ein Pfarrer wie Johannes Becher aus dem Dorf Hallschlag bei Stadtkyll über die modische Verstädterung seiner jungen Gemeindemitglieder mit den Worten »... *wenn Eifler Mädchen Simpelfransen auf der Stirn und statt des kleidsamen und oft kostbaren Kopftuches einen Hut – und was für einen – auf dem Kopf tragen, die Jünglinge sich das Haar über die Stirnmitte scheiteln, sich mit Manschetten an den Händen und Berlocken an der Uhrkette schmücken*...« entrüsten konnte, gehören lange der Vergangenheit an. Die bis in die 50er Jahre geltende gravierende Diskrepanz zwischen der armen, überwiegend ländlich geprägten Eifel und den übrigen, reichen Gegenden Deutschlands ist heute überbrückt und hat zu einer Angleichung der Lebensweise geführt – allerdings auch auf Kosten vieler Traditionen, denen die veränderten Lebensbedingungen die Basis entzogen.

So präsentiert sich die Eifel heute als eine noch in weiten Teilen intakte Landschaft, deren Reiz gerade in ihrer urtümlichen, spröden Schönheit liegt.

GEOGRAPHIE EINES MITTELGEBIRGES

Im weitesten Sinne versteht man unter Eifel das von den vier Städten Köln, Koblenz, Trier und Aachen eingerahmte Gebiet. Als zusätzliche, natürliche Grenzen existieren im Osten der Rhein, daran anschließend im Südosten und Süden der Lauf der Mosel zwischen Koblenz und Trier und im Norden der markante Abfall des Rheinischen Schiefergebirges zur Niederrheinischen Bucht. Im Westen weitet sich die Eifel über die beiden Staatsgrenzen, die deutsch-luxemburgische und die deutsch-belgische, hinweg in die Ardennen aus. Eine klare Trennung zwischen Eifel und Ardennen erweist sich als ausgesprochen schwierig; die Übergänge sind fließend, die geographischen und historischen Gemeinsamkeiten groß. Mit der Gründung zweier grenzüberschreitender Naturparks in den Jahren 1958 (deutsch-luxemburgischer Naturpark) und 1972 (deutsch-belgischer) wurde der Versuch unternommen, dieser Ambivalenz gerecht zu werden. Die beachtliche flächenmäßige Ausdehnung der Eifel führt zwangsläufig zu einer differenzierten Gliederung der Landschaft. Hierbei kristallisieren sich fünf geographische Kernstücke, Nord- und Südeifel sowie Vulkan-, Hoch- und Schnee-Eifel, auch Schneifel genannt, heraus. Während die Namen der beiden erstgenannten Regionen lediglich eine genauere Lokalisierung ermöglichen, verweisen die übrigen auf geographische Phänomene und bieten konkrete Hinweise auf den landschaftlichen Charakter.

Am bekanntesten ist zweifellos die Vulkaneifel. Bereits zu Anfang des 19. Jahrhunderts, als den anderen Eifelgebieten keine oder nur geringe Aufmerksamkeit geschenkt wurde, lenkte die Vulkaneifel mit ihren Maaren das Interesse zahlreicher Wissenschaftler auf sich. Vielfach wird auch heute noch unter dem Begriff Eifel zuerst die Vulkaneifel verstanden.

Aufgrund einer unterschiedlichen vulkanischen Entstehungsgeschichte unterscheiden die Geologen zwischen einem Westeifeler und einem Osteifeler Vulkangebiet. Das im Westen gelegene dehnt sich innerhalb des von Gerolstein, Daun, Ulmen, Bad Bertrich und Manderscheid umfaßten Karrees aus. Etwa vierzig Maarkessel dokumentieren die hier stattgefundenen vulkanischen Aktivitäten. Die meisten von ihnen haben im Laufe der Jahrtausende eine Metamorphose durchlebt, in der sie entweder austrockneten, verlandeten oder von Menschen trockengelegt wurden. Von den vielzitierten »Augen der Eifel«, den wassergefüllten Maaren, sind heute noch acht zu sehen, während die übrigen sich lediglich durch ihre charakteristische Form als ehemalige Maare identifizieren lassen.

Erstaunlicherweise besitzt das Osteifeler Vulkangebiet kein einziges Maar. In beachtlicher räumlicher Distanz zu seinem Pendant liegt es eingebettet zwischen den Ortschaften Wehr, Bell, Mendig, Kruft und Burgbrohl. Der Laacher See mit seinen sechs ihn umgebenden Einzelvulkanen bildet den Mittelpunkt. Obwohl er fälschlicherweise oft als Maar bezeichnet wird, handelt es sich bei ihm um den einzigen klassischen Caldera-See Mitteleuropas. Neben diesen spezifischen Besonderheiten bezeugen in der gesamten Vulkaneifel zahlreiche Aschenkegel und erstarrte Lavaströme die einst so turbulente feurige Vergangenheit.

Auch die Hocheifel verdankt ihren Ursprung dem Wirken des Hephaistos. Im Gegensatz zur Vulkaneifel, an die sie grenzt, entstand sie früher. In der Phase des Tertiärvulkanismus vor ungefähr 30 Millionen Jahren brachen hier nachweislich fast 290 Vulkane aus, deren Überreste als eloquente Kuppen das Relief der Landschaft formten und ihr ihren Namen gaben. Die Hohe Acht, mit 747 m die höchste Erhebung der gesamten Eifel, die Nürburg, Mons Nore und der Arensberg behaupteten sich am stärksten gegenüber der Verwitterung und ragen über die anderen nicht so widerstandsfähigen Vulkankegel weit hinaus. Sie bilden den unübersehbaren Mittelpunkt der Hocheifel, deren Ausmaße sie flankieren.

Noch zäher als diese Dreiergruppe hat sich der wesentlich ältere Höhenzug der Schnee-Eifel dem nagenden Zahn der Zeit widersetzt. Seit seiner Entstehung im Erdaltertum wurde er, mit Ausnahme des »Schwarzen Mannes«, der eine Höhe von 698 m aufweist, auf die heutige Durchschnittshöhe von etwa 600 m abgetragen. Aufgrund seiner Westlage in unmittelbarer Nachbarschaft zu den Ardennen und seiner diagonalen Südwest-Nordost-Ausrichtung stellt er für die hier wehenden atlantischen Westwinde ein Hindernis dar, welches sie nur durch Abgabe von Niederschlägen überwinden können. Während der kalten Jahreszeit fällt hier, bedingt durch diese Höhenlage, reichlich Schnee, der namensgebend für die auch als Schneifel bezeichnete Schnee-Eifel war.

Daun

Viele Geologen beschränken das Gebiet nicht nur auf diesen Höhenzug, sondern weiten es auf das von Our und Prüm umsäumte Umland aus, dessen Klima und Bodenbeschaffenheit schon andere Merkmale als das Kernstück zeigen.

Während Vulkan-, Hoch- und Schnee-Eifel in sich geschlossene Landschaften verkörpern, bestehen Nord- und Südeifel aus einer Reihe von Teillandschaften, von denen jede ihre typische Eigenart besitzt. Als sogenannte Rand- oder Übergangslandschaften ordnen einige Geographen sie nur unter Vorbehalt der Eifel zu.

Der Charakter der Nordeifel wird im wesentlichen von den drei Flüssen Rur, Erft und Ahr und dem Hohen Venn, einem Teilbereich der Ardennen, geprägt. Zwei gegensätzliche Landschaftstypen, das Hochplateau mit seinen Ausläufern und die zerklüftete Tallandschaft mit Fluß, treffen so aufeinander. Im Eifelvorland, das sich entlang der Städtelinie Euskirchen, Zülpich, Düren, Eschweiler und Aachen bis in den Mechernicher Raum erstreckt, wandelt sich das Gesicht der Landschaft erneut. Sie verflacht zunehmend und geht langsam in die Ebene der Niederrheinischen Bucht über. Diesen natürlichen Landschaftsformen hat der Mensch eine weitere hinzugefügt. Aus dem Flußnetz der Rur und ihrer Nebenflüsse entstand die Eifeler Seenplatte, ein weitläufiges System von Stauseen. Die tief eingegrabenen, schmalen Täler von Rur und Urft verschwanden zugunsten großangelegter Wasserflächen, und lediglich die Bergkuppen entlang der Ufer erinnern an die ursprüngliche Gestalt.

An der Ausprägung der Südeifel war maßgeblich die Orogenese des Erdaltertums beteiligt, die einen Teil der Eifeler Oberflächenkruste von der Hebung aussparte.

So entwickelten sich zwei voneinander getrennte Hochflächen, das Maifeld und das Bitburger Gutland, in deren Mitte sich die Wittlicher Senke befindet. Alle drei Landschaftsräume werden von mehreren Wasserläufen durchzogen, die meist der Mosel zustreben und zugleich als markante Grenzpunkte gliedernde Funktion besitzen. Das Maifeld dehnt sich zwischen den Flüssen Nette und Elzbach aus und liegt im unmittelbaren Einzugsgebiet des Osteifeler Vulkanfeldes. Die fruchtbaren Böden aus Löß und vulkanischem Sand um Münstermaifeld und die reichen Basaltvorkommen von Mendig und Mayen bestätigen den weitreichenden Einfluß der Laacher Vulkane. Die Wittlicher Senke wurde wegen ihrer Tallage nur minimal von Ausläufern der Westeifeler Vulkane gestreift. Umgeben von Salm und Üß, in der Mitte die Lieser, nimmt sie eine Sonderstellung zwischen Eifel und Mosel ein.

Auch das Bitburger Land, der ehemals fränkische Beda-Gau, um Speicher, Kyllburg und Neuerburg mit Bitburg als Zentrum vermittelt zwischen verschiedenen Landschaftsformen. Die Ausläufer von Vulkan- und Schnee-Eifel berühren das weite, von Tälern unterbrochene Land peripher, das im Westen nach einem deutlichen terrassenförmigen Anstieg des Höhenniveaus in die Luxemburger Ardennen, den Ösling, übergeht.

Der Überblick aller fünf geographischen Kernstücke verdeutlicht, daß die Eifel keineswegs den Charakter eines öden Landstriches ohne nennenswerte Individualität hat, sondern über ein sehr facettenreiches Erscheinungsbild verfügt.

Rechts: Von der Stadtbefestigung der alten Landstadt Zülpich, dem römischen Tolbiacum, mit ihren vier Stadttoren blieb im Süden das Münstertor erhalten. Der Backsteinbau wurde im 14. Jahrhundert als Torturm mit spitzbogiger Durchfahrt errichtet.

Vor den Toren Euskirchens liegt inmitten gepflegter Parkanlagen die ehemalige Wasserburg Zievel aus dem 14. Jahrhundert. Von der ursprünglichen Anlage blieben der Mauerring, der Bergfried, das Haupttor und Teile des Grabensystems erhalten.
Links: Oberhalb von Nideggen, auf steil abfallenden Buntsandsteinfelsen über dem Rurtal, liegt eine der eindrucksvollsten Burgruinen des Rheinlandes. Die Burg mit dem mächtigen Wohnturm war im 13. Jahrhundert die bevorzugte Residenz der Grafen und späteren Herzöge von Jülich.

Soweit das Auge reicht, dehnen sich die fruchtbaren Ackerflächen des Eifeler Vorlandes bei Berg aus, auf denen insbesondere Weizen und Zuckerrüben angebaut werden, unterbrochen nur durch pittoreske, kleine Dörfer, Waldstreifen und Wege.
Links: Das Schloß Eicks im Rotbachtal, nahe dem schönen Fachwerkdorf Kommern, wurde 1690 auf den Resten einer mittelalterlichen Burg errichtet. Dieser, kaum noch zur Verteidigung angelegte, typisch rheinisch-barocke Landsitz ist noch heute im Besitz der Familie von Syberg.
Seite 20/21: Die wehrtechnisch interessante, in einem schönen Park liegende Wasserburg Satzvey ist ein Paradestück romantischer Wasserburgen. Vor- und Hauptburg lagen ursprünglich auf zwei getrennten Inseln. Die hervorragend renovierte Anlage befindet sich heute im Privatbesitz des Grafen Beissel von Gymnich, der jährlich zu traditionellen Ritterspielen einlädt.

In dem ehemaligen, 1480 gegründeten, Zisterzienserkloster Mariawald leben heute Trappisten, die schweigenden Mönche. Anlaß der Klostergründung war eine Marienkapelle mit einem verehrungswürdigen Muttergottesbild, welches sich heute in der Pfarrkirche von Heimbach befindet.
Links oben: Den Mittelpunkt des malerischen, im Rurtal gelegenen Luftkurortes Heimbach, bildet die aus dem 12.–14. Jahrhundert stammende Burg Hengebach. Oft zerstört, wurde sie 1954 restauriert und wird seitdem als Hotel genutzt.
Links unten: Auf steilem Weg gelangt der Besucher durch zwei Torbauten in den geschützten Burgvorhof der Burg Hengebach, der östlichen Hälfte des Burgkomplexes.

Mit 8 Quadratkilometern Wasserfläche und einem Fassungsvermögen von über 200 Millionen Kubikmeter Wasser ist das Rurtalsperrensystem bei Einruhr das größte der Bundesrepublik.
Oben: In einer Rurschleife liegt die ehemalige Tuchmacherstadt Monschau, auch »Venedig des Nordens« genannt.
Unten: Die traditionellen Bauernhäuser auf den Hochflächen des Monschauer Landes, wie hier in Höfen, sind zum Schutz vor den rauhen Winden mit Hainbuchenhecken umgeben.

Das Hohe Venn, 600–700 Meter hoch gelegen, ist eine Heide-, Sumpf- und Moorlandschaft: Blütenreichtum im Frühling, blühende Heide im Spätsommer, die bunten Pflanzen und Wälder im Herbst und die schwermütigen, oft nebeligen Schneefelder im Winter geben dieser Landschaft das Gepräge.
Links: Auf den rauhen Eifeler Hochflächen bei Schleiden beginnt das Frühjahr später und endet der Sommer früher. Das Schleidener Land wird im Norden vom Waldgebiet des Kermeter, im Süden von der Hollerather Hochfläche begrenzt und dehnt sich von der Kalkeifel im Osten bis zu den Höhen um Dreiborn und zur Eifeler Seenplatte im Westen aus.

Das Ortsbild des Burgdorfes Reifferscheid mit seinen zahlreichen Fachwerkhäusern des 18. Jahrhunderts wird von dem mächtigen Bergfried der Burg überragt. In den Befestigungsring der ehemaligen Höhenburganlage wurde auch die Pfarrkirche mit einbezogen. Die wehrhafte Anlage weist noch auf die Bedeutung der Residenz des mächtigen Eifeler Adelsgeschlechtes der Salm-Reifferscheider hin.

Links oben: Aus einer Bergfeste, um die sich einfache Herrschaftshäuser und eine Kirche zu einem ovalen Wehrring zusammenschließen, entstand vor etwa 700 Jahren auf einem schmalen Bergrücken über dem Kylltal Kronenburg. Der Ort wurde von fast allen Eifelmalern geliebt und gemalt, und in den 30er Jahren etablierte sich hier die erste Malerschule der Eifel. Dieser Malerschule verdankt Kronenburg seinen Namen »Das Malerdorf«.

Links unten: Liebevoll wurden in Kronenburg die alten Bürgerhäuser und Adelshöfe renoviert. Ein Gang durch den anmutigen Ort mit seiner fast komplett erhaltenen Bausubstanz und der Besuch der spätgotischen Kirche St. Baptist prägen sich im Gedächtnis ein.

Der großzügig angelegte Dorfplatz von Olef bei Schleiden mit den vielen alten Bäumen, umgeben von schönen Fachwerkhäusern und einer sehenswerten Kirche, lädt zu einem Dorfspaziergang ein. Im Tal von Olef gründeten die vertriebenen Hugenotten die Eisenindustrie des »Schleidener Tales«.

Das 1121 von Prämonstratensern gegründete Kloster Steinfeld ist eine der schönsten, ältesten und geheimnisvollsten Abteien der Eifel. Die romanische Basilika mit ihrem mächtigen Westwerk und dem überragenden achteckigen Vierungsturm, der gotische Kreuzgang und die barocken Klostergebäude machen den Reiz der Gesamtanlage aus. Seit 1923 leben hier Salvatorianer-Mönche.

Noch im 18. Jahrhundert waren weite Teile der Eifel von Wacholderlandschaften geprägt, die erst allmählich durch die preußischen Wiederaufforstungsprogramme verschwanden. Das Wacholderschutzgebiet bei Alendorf erinnert an südländische Landschaftsstrukturen.
Oben: Am Rande von Wäldern und auf Waldlichtungen ist noch häufig der unter Naturschutz stehende rote Fingerhut anzutreffen.
Unten: Zur Römerzeit überquerte eine Wasserleitung auf dreizehn Stützen das Feybachtal, in der Eifeler Trinkwasser in die römische Garnison Colonia agrippina (Köln) floß. 1950 wurden in der Nähe von Vussem zwei der Pfeilerstümpfe freigelegt und ein Teil der Anlage rekonstruiert.

Auf einem schmalen, steil aufragenden Hügelvorsprung, inmitten eines großen Waldgebietes, liegt die Wildenburg, eine der wenigen fast ganz erhaltenen Eifelburgen. Sie wurde im 18. Jahrhundert von den Äbten von Steinfeld erbaut. Das im Innern zur Kirche ausgebaute Burghaus erinnert an seine ehemaligen Besitzer.

Als typisches Beispiel einer langsam gewachsenen mittelalterlichen Stadt kann Bad Münstereifel mit einer fast kompletten Stadtbefestigung aufwarten. Die Wurzeln des Ortes reichen bis ins 9. Jahrhundert zurück. Im 13. Jahrhundert sicherte das Herzogtum Jülich seinen Besitz durch eine von 18 Wehrtürmen bekrönte Stadtmauer mit vier mächtigen Eingangstoren und durch eine Burg. Ein Rundgang auf der gut erhaltenen Anlage bietet eindrucksvolle Blicke in die Altstadt.

Malerisch über dem Tal und dem ehemaligen Burgweiher gelegen, türmen sich Häuser, Kirche und die aus dem 12. Jahrhundert stammende Burg von Blankenheim. Der Ort, in dem im Erdgeschoß eines Hauses, dem Steinpütz, die Ahr entspringt, ist von schlichten Fachwerk- und Bürgerhäusern geprägt.
Oben: Liebevoll renovierte Häuserzeile in der Nähe der Kirche.
Unten: Blankenheim, St.-Johannes-Figur an einem Fachwerkhaus.

Links: Am linken Kapitell des westlichen Außenportales befinden sich – halb Mensch, halb Vogel – die berühmten Haarausraufer. Sie zählen mit zu den wertvollsten Arbeiten kirchlicher Plastiken des Rheinlandes aus dem 13. Jahrhundert.
Rechts: Gea, die Erdenmutter, und Uranos, der Herr der Meere, an den Kapitellen links und rechts im Innern des Paradieses sind ein seltenes Beispiel für die Einbeziehung von Gestalten der griechischen Mythologie in christliche Baukunst.
Seite 40/41: Die Abtei Maria Laach gehört zu den großartigsten Zeugnissen romanischer Baukunst im Rheinland und kann auf eine 900jährige Geschichte zurückblicken. Im Jahr 1093 gründete Pfalzgraf Heinrich II. aus dem Hause Luxemburg mit seiner Frau Adelheid von Meißen-Orlamünde am Westufer des Laacher Sees die Benediktinerabtei »Sancta Maria ad Lacum«. 1230 wurde die dreischiffige Basilika mit Doppelchoranlage, zwei Querschiffen, den beiden Zentraltürmen, den zwei Ost- und West-Chortürmen und dem »Paradies« vollendet.

In dem sogenannten »Paradies«, der Vorhalle der Abteikirche, erinnern der Löwenbrunnen und die lichtdurchfluteten Arkaden an die Alhambra.

Schöne Ausblicke und eindrucksvolle Stimmungen laden zu allen Jahreszeiten zu einer 8 Kilometer langen Wanderung rund um den Laacher See ein. Ein Großteil des Gebietes ist ausgewiesenes Naturschutzgebiet und ausschließlich der seltenen Pflanzen- und Tierwelt vorbehalten. Der See ist sehr fischreich und die Silberfelchenzucht weit über die Laacher Grenzen hinaus bekannt.
Rechts: Auf einem langgestreckten, auf drei Seiten von der Nette umflossenen Felsen liegt Schloß Bürresheim, erstmals 1157 urkundlich erwähnt. Im Mittelalter erfolgte eine Zweiteilung des Burgkomplexes zwischen den verfeindeten Erzbischöfen von Köln und Trier. Während die Kölner Burg heute nur noch eine Ruine ist, lohnt die Besichtigung der Trierer Burg mit ihren vorbildlich ausgestatteten Räumen und der französischen Gartenanlage.

Zu Füßen der heute wieder bewohnten Burg Pyrmont aus dem 13. Jahrhundert liegt die Pyrmonter Mühle mit dem Elz-Wasserfall. Der 25 Meter hohe Bergfried, die Reste der beiden Vorburgen und das schlichte Barockschloß von 1712 können heute besichtigt werden.

Links: Einsam auf dem Felsen im engen Elzbachtal liegt malerisch die vieltürmige und vielgeschossige Burg Eltz, unzerstört und seit fast 1000 Jahren im Familienbesitz derer von Eltz. Die Burgführung erlaubt einen umfassenden Einblick in den ritterlichen Wohn- und Lebensbereich. Eine Besichtigung der Gemälde- und Waffensammlung sowie der Schatzkammer mit über 300 Meisterwerken des Kunsthandwerkes führt durch fast 800 Jahre Kulturgeschichte.

Seite 48/49: ... als hätte ein Maler, um den Reiz der Landschaft zu steigern, strenge grafische Muster in das fruchtbare Maifeld gezogen.

Im Frühling und Herbst wird das Landschaftsbild bei Brück oft von bizarren Wolkenbildungen und unwirklich anmutenden Lichtstimmungen geprägt.

Eingebettet in fruchtbares Ackerland, fast mit der Landschaft verwachsen,
liegt das Dorf Kehrig inmitten hell leuchtender Weizenfelder.

Im malerischen Monreal mit seinen zwei Burgen aus dem 13. und 14. Jahrhundert, den stattlichen Fachwerkhäusern und der gotischen Kirche überspannen drei Brücken die Elz, einen sauberen, klaren Gebirgsbach.

Links: Von weitem schon sichtbar überragt das Münster St. Martin und St. Severus von Münstermaifeld das Land. Die dreischiffige Basilika aus dem 13./14. Jahrhundert besitzt ein imposantes Westwerk, ein ausladendes Querhaus und einen reich gegliederten Ostchor.

Rechts: Im alten, harmonisch zwischen Weinbergen eingebetteten Winzerdorf Mayschoß liegt der größte Rotweinkeller der Ahr. Die Rotweine der Ahr zählen zu den besten Deutschlands, 80 Prozent der Anbaufläche ist ihnen vorbehalten.
Oben: In einem Seitental der Ahr liegt die Stadt Adenau, mit bunten Fachwerkhäusern aus dem 17. Jahrhundert auf dem Marktplatz, dem Hauptgebäude der Johanniter-Komturei von 1743 und der katholischen Pfarrkirche St. Baptist mit reicher Innenausstattung.

Durch bizarre vulkanische Formationen schlängelt sich in der »Strohner Schweiz« der Alfbach, in dessen klarem Wasser vor allem Bachforellen in ihrem Element sind. Das Flußbett verdankt sein Aussehen einem Lavastrom, der sich in das schon vorher bestehende Tal bei Strohn ergoß.
Links: Der einzigartige Dreimühlen-Wasserfall im Ahbachtal bei Nohn verdankt seine Entstehung der Kalkausfällung durch Wassermoose und schiebt sich so ständig weiter vorwärts ins Tal.

Aus Richtung Steffeln kommend stößt man auf den Duppacher Weiher, ein heute landwirtschaftlich genutztes Trockenmaar. Der Duppacher Weiher hat das letzte Stadium eines verlandeten Maares erreicht, die Feucht- und Naßwiesen wurden schon vor langer Zeit trockengelegt, und nur die Form erinnert an seinen Ursprung.
Rechts: Die Crumps-Mühle bei Birgel ist eine der wenigen noch erhaltenen und früher so zahlreich anzutreffenden Wassermühlen der Eifel.

Der befestigte frühbarocke Gutshof von Oberehe, der 1696–1698 von den Herren von Schloß Malberg an der Kyll erbaut wurde, ist mit einem von zwei quadratischen Türmen eingefaßten Torhaus ein typisches Beispiel kleinerer Eifeler Landsitze jener Zeit.

Anfang dieses Jahrhunderts ließ Ernst von Mirbach mit Unterstützung Kaiser Wilhelm II. und des evangelischen Kirchenbauvereins von Berlin die Erlöserkapelle von Mirbach im neoromanischen Stil erbauen. Sie unterscheidet sich wesentlich von dem Vorgängerbau aus dem 15. Jahrhundert und beeindruckt durch eine vielfältige Ansammlung von Stilelementen romanischer Baukunst, prächtigen Buntglasfenstern und aufwendigen Mosaiken.

Weit überragt die mächtige, gut erhaltene Kasselburg mit ihrem achtgeschossigen Wohnturm die Landschaft. Von dem 37 Meter hohen Turm des Bergfrieds bietet sich ein unvergleichliches Panorama auf die Hochflächen der vulkanischen Eifel.
Links: Gerolstein ist von einer Reihe bizarr anmutender Felsen umgeben, den Dolomiten der Eifel.

Der Name Pulvermaar bei Gillenfeld rührt von der feinen Lavaasche des Uferrandes her. Das von Buchenwäldern umgebene Maar ist nicht nur bei Anglern, Schwimmern und Spaziergängern beliebt, sondern auch bei Tauchern, die hier manchmal in die nicht ungefährliche, kalte Tiefe von 75 Metern vordringen.

Bis zum Ufer des Maares, das heute unter strengem Naturschutz steht, dehnt sich der Ort Ulmen aus. Oben auf dem Kraterrand stehen die Ruinen der Ober- und Niederburg aus dem 13. Jahrhundert mit Mauerresten und Amtshaus. Gleich gegenüber liegt der 36 Hektar große Jungfernweiher, ein Naturschutzgebiet mit vielen seltenen Vogelarten. Hier brütet der bei uns selten gewordene Haubentaucher.

Eingebettet zwischen Bergen liegt um eine Vulkankuppe die Stadt Daun, Mittelpunkt der Vulkaneifel.
Rechts: Auf die karge Höhe von Walhausen bei Steffeln führt ein Kreuzweg zu einer schlichten, einsamen Kapelle.
Seite 68/69: Geheimnisvoll und still liegt das sonst von Touristen so stark frequentierte Schalkenmehrener Doppelmaar im herbstlichen Morgennebel.

Das Weinfelder Maar im Wandel der Jahreszeiten.

Eines der landschaftlich reizvollsten, von Menschenhand weitgehend unberührten und urtümlichsten Maare ist das Weinfelder Maar, auch Totenmaar genannt, mit der unverwechselbaren Kirche am Nordufer.

Oben: Die Basaltsäulen in der Wolfsschlucht sind Reste eines mächtigen Lavastromes, der aus dem Südkrater des Mosenberges durch den Horngraben bis zur Kleinen Kyll floß.
Unten: Durch die aus einem Lavastrom des Südkraters des Mosenberges entstandenen Basaltsäulen und -brocken der Wolfsschlucht bei Manderscheid windet sich ein klarer, kleiner Bach.
Links: Vorbei an der Entersburgruine hat der Üßbach bei Hontheim sein Bett tief in die Landschaft gegraben.

Oben: Das Strohner Maarchen, der verlandete Krater des Römerberges, ist ein wegen seiner seltenen Pflanzen- und Tierwelt unter Naturschutz stehendes Trockenmaar und enthält eines der letzten noch im Wachsen begriffenen Hochmoore der Eifel.
Unten: Das von Schnee bedeckte Trockenmaar ist im Winter oft von einem Wasserring umgeben, wobei seine tiefsten Stellen überflutet sind und so ein Paradies für viele Kleintiere bilden.
Links: Der Mürmes befindet sich im Stadium eines Trockenmaares mit Hochmoorvegetation und weist kleine, durch Torfstechen entstandene Wasserlöcher auf. Durch seine abgeschiedene Lage ist dieses Naturschutzgebiet Brutplatz vieler seltener Entenarten und beliebter Rastplatz der durchziehenden Kraniche.

Das Immerather Risch mit dem Dorf Immerath, ein teilweise vermoortes Trockenmaar, wird heute überwiegend landwirtschaftlich genutzt. Nur seine Form erinnert noch an seine Vergangenheit als Maar.
Seite 76/77: Das zur Vulkangruppe des Mosenberges gehörende Meerfelder Maar ist mit 24 Hektar das größte Maar der Westeifel. Es ist nicht nur sehr fischreich, sondern auch Heimat vieler seltener Wasservögel und Brutplatz von Hauben- und Zwergtauchern.

Am flachen Doppelkrater des Schalkenmehrener Maares erfreuen sich Campingfreunde und Wassersportler an den vielen Freizeit- und Wassersportmöglichkeiten.

Umgeben von einer waldreichen Berglandschaft erheben sich die von der Lieser in einer Doppelschleife umflossenen Ruinen der Manderscheider Burgen. Auch hier wird die Sage der feindlichen Brüder erzählt, die sich in gegenseitiger Mißgunst zugrunde richteten. Tatsächlich waren es jedoch die mächtigen Manderscheider Grafen, Besitzer der Niederburg, und Kurtrier, Eigentümer der Oberburg, die sich in jahrhundertelanger Rivalität gegenüberstanden.

Wenn sich dunkle, schwere Regenwolken über die Landschaft türmen, wird die Eifel ihrem Ruf als herbe Schönheit gerecht. Von den Greimerather Höhen schweift der Blick weit über das Landschaftsrelief der Vulkaneifel mit ihren Kuppen.

Große Teile des Wasserspiegels des von Buchenwäldern umgebenen Holzmaares bei Eckfeld bedeckt im Sommer ein Teppich des reichblühenden Wasserhahnenfußes. Durch den Buchenhochwald führt ein Wanderweg zum Dürren Maar, einem aufgewölbten Hochmoor und einer reichen Pflanzenwelt, welches an das Strohner Maarchen erinnert.

Die schlichte St.-Rochus-Kirche aus dem 17. Jahrhundert überragt das schön gelegene Straßendorf Hasborn an der Strecke Trier–Koblenz.

Die Spuren des Basalt-Tuffstein-Abbaus bestimmen vielfach das Bild der Landschaft im Mayener Raum, wie hier bei Ettringen.

Links, oben: Der Beilstein, eine seltsam anmutende Bergkuppe an der Straße von Kelberg nach Boos, ist vulkanischen Ursprungs.
Rechts, oben: Die vulkanische »Lavabombe« mit einem Gewicht von etwa 100 Tonnen wurde in der Grube am Wartgesberg bei dem Dorf Strohn gefunden und steht heute mitten im Ort. Sie wurde mit großer Wucht aus dem Erdinnern geschleudert und erhielt durch Rotation ihre charakteristische Form.
Links, unten: In der Grube Geilen in Niedermendig wird die harte Basaltlava in schwerer Arbeit abgebaut. Früher dienten die Basaltblöcke als Baumaterial für Häuser und Kirchen und als Rohstoff für Mühlsteine; heute werden aus dem harten Basaltmaterial vor allem Stufen, Platten oder Denkmäler gefertigt.
Rechts, unten: An vielen Orten der Eifel, so auch bei Wassenach, wird in teilweise mächtigen Gruben das vulkanische Lockermaterial abgebaut. Für Naturschützer stellt dies unheilbare Wunden dar, für Geologen geben solche Aufschlüsse spannende Einblicke in die Erdgeschichte.

Die St.-Salvator-Kirche von Prüm gehörte früher zu einer 721 gegründeten Benediktiner-Abtei, wurde während des Barocks umgebaut und beherrscht heute mit der imposanten Doppelturmfassade das Ortsbild. Die dreischiffige Basilika mit einschiffigem Chor und Doppelturmfront weist imposante Maße auf: Länge 64,5 Meter, Breite 28,0 Meter, Höhe des Mittelschiffes 25 Meter.

Das Bitburger Gutland mit seinen saftigen Wiesen, fruchtbaren Weizenäckern und Obstbaumplantagen ist auch heute noch eine Domäne der Landwirtschaft.

Die aus dem frühen 14. Jahrhundert stammende Burg Schönecken liegt auf einem ausgedehnten, steil zur Nims abfallenden Bergrücken. Ein steiler Weg führt vom Ort hinauf zu der Ringmauer und einigen der noch erhaltenen Türme.

Rechts oben: Auf einer Bergzunge über dem Kylltal thront das aus Altbau, Arkaden und Neubau bestehende, prachtvolle Schloß Malberg mit seinen einzigartigen bemalten Wandbespannungen, herrlichen Stuckdecken und seiner weitgehend bewahrten Innenausstattung aus dem 18. Jahrhundert.

Rechts unten: Auf dem höchsten Punkt eines von der Kyll umflossenen Bergrückens liegt das vollständig erhaltene gotische Kollegiatstift von Kyllburg.

Die einschiffige Marienkirche, der quadratische Kreuzgang und das Kapitelhaus zählen zu den schönsten Beispielen geschlossener sakraler Anlagen des 14. Jahrhunderts.

Nördlich von Oberkail errichteten Bauleute des Klosters Himmerod 1649 in Anlehnung an die Himmelfahrtskapelle auf dem Ölberg in Jerusalem für Graf Philipp Dietrich von Manderscheid eine Grabkapelle, die Frohnertkapelle.
Oben: Bei Speicher wechselt fruchtbares Akkerland mit waldreichen Tälern ab.

Bis in die 50er Jahre hat sich die alte Form der Hauswäscherei am Gemeindebrunnen
in Neidenbach, von dem hier der Wasserzufluß zu sehen ist, erhalten.
Links oben: Die »Kiesgräber« bei Ferschweiler, eine frühchristliche Begräbnisstätte,
mitten im Wald gelegen, sind keltischen Ursprungs.
Links unten: Auf dem Ferschweiler Plateau, einer Hochfläche zwischen Sauer
und Prüm, befinden sich zahlreiche vor- und frühgeschichtliche Zeugnisse.
Das Fraubillenkreuz ist ein zu einem Kreuz umgearbeiteter Menhir aus der frühen
Steinzeit mit einer Höhe von 3,5 Metern.

Im 12. Jahrhundert gründeten die Herren von Neuerburg ihre Burg. Sie wurde 1692 von den Franzosen gesprengt, nach 1794 teilweise abgebrochen und in den Jahren 1930–33 wieder instandgesetzt. Heute dient sie als Jugendherberge.
Links: In einem felsen- und waldreichen Tal der luxemburgischen Schweiz liegt die Burgruine Beaufort, der Stammsitz eines alten Adelsgeschlechtes.
Seite 96/97: Vom Neuerburger Kopf hat man einen herrlichen Ausblick auf das Wittlicher Tal mit Bombogen und dem Vulkankegel »Lüxemer Kopf«. Der fruchtbare Boden und das milde Klima erlauben Wein- und Tabakanbau.

Vom Wittlicher Marktplatz schaut man auf das alte Rathaus, welches nach dem Stadtbrand von 1647 erbaut und 1922 entlang der Neustraße auf die doppelte Länge erweitert wurde.

Links: Zwischen Eisenschmitt und Großlittgen liegt im stillen Salmtal das 1134 gegründete Zisterzienserkloster Himmerod, in dessen Klosterkirche St. Maria, einem Neubau, die aus dem 18. Jahrhundert erhaltenen Teile integriert wurden.
Rechts: Heute bewohnen Karmeliter das um 1100 von Augustinerchorherren gegründete Kloster Springiersbach. In der Kirche St. Abrunculus, erbaut 1769–1772 und nach dem Brand von 1897 erneuert, sind die barocken Deckenmalereien besonders sehenswert.

Durch das idyllische Dorf Bruch mit seiner sehenswerten Wasserburg aus dem 14. Jahrhundert fließt die Salm, ein klarer und fischreicher Bach. Die hohen Rundtürme der rechteckigen Burganlage mit spätgotischem Kegeldach sind zum Wahrzeichen des Ortes geworden.
Unten: An einem Bauernhaus in Bruch befindet sich eine zweigeteilte bäuerliche Haustür mit Gewänden aus Sandstein, dem typischen Baumaterial des Wittlicher Tales.
Links: Die ehemalige Wasserburg Dodenburg aus dem 16. Jahrhundert wurde in den Jahren 1891–1894 in den Formen der »Deutschen Renaissance« leider unvorteilhaft verändert.
Seite 102/103: Eine typische Eifellandschaft mit fruchtbaren Feldern im Vordergrund und den Kuppen und Bergzügen der ehemaligen Vulkane in der Ferne.

GEBURT EINER LANDSCHAFT

Ohne Kenntnis ihrer Vorgeschichte erschließt sich dem Betrachter eine Landschaft nur bruchstückhaft. Gerade die »stillen«, auf den ersten Blick wenig spektakulären Landschaftsformen der Eifel erfordern zu ihrem Verständnis ein gewisses geologisches Grundwissen, das eine oberflächliche, klischeehafte Betrachtungsweise verhindert.

Die Genesis der Eifel begann vor fast 500 Millionen Jahren im Kambrium, der ersten Stufe des Erdaltertums. Grundlage für diese Datierung bilden die in den östlichen Ausläufern des Hohen Venn gefundenen versteinerten Graptolithen (Quallenpolypen), die als Leitfossilien des Silurs gelten. Die gesamte Erdoberfläche war zu diesem Zeitpunkt von einem flachen Meer bedeckt; die Kontinente existierten noch nicht. Erst die über Jahrmillionen währende Ablagerung von Sand, Tonschlamm und Überresten der bereits existierenden Meeresflora und -fauna schuf auf dem Meeresboden Lage um Lage, einer Schichttorte vergleichbar, die Basis für unser heutiges Festland. Neben den weicheren Sedimentgesteinen entstanden in den unteren Zonen unter dem Einfluß hoher Temperaturen und Druck metamorphe Gesteine wie Quarzit, Schiefer und Grauwacke, die das Grundgebirge formten. Mit der Geburt zweier Kontinente zur Zeit des Devons, vor 400 bis 350 Millionen Jahren, tauchte auch das Hohe Venn aus den Meeresfluten auf, während die Eifel weiterhin ein Bestandteil des Meeresbodens blieb. Sie geriet in das Einzugsgebiet der beiden Festlandblocks und war einer starken Sedimentierung ausgesetzt, die speziell Grauwacke und Schiefer produzierte. Die zunehmende Erwärmung bis zu tropischen Temperaturen förderte wegen der starken Verdunstung die Verflachung des Meeres und beschleunigte gleichzeitig die Evolution von Pflanzen und Tieren. Eine enorme Artenvielfalt entwickelte sich, die jetzt die drei Lebensräume Wasser, Erde und Luft eroberte.

An den Küsten bildeten sich riesige Korallenriffe, und durch die rasche Populationsfolge sammelte sich auf dem Meeresboden ein mächtiges Konglomerat aus Kalk, Dolomit, Sandstein und den herabgesunkenen, abgestorbenen Pflanzenteilen und Tierkörpern an, womit die ideale Voraussetzung für die Bildung von Fossilien geschaffen wurde.

Am Ende des Devons setzte die bis ins Perm hineinreichende Variskische Gebirgsbildung ein, die weite Teile des Meeresbodens, zu denen auch die Eifel gehörte, nach und nach auffaltete, bis sie schließlich das Meer verdrängte und als devonisches Hochgebirge zurückblieb. Während dieses Vorganges entstand hier eine von Norden nach Süden verlaufende Senkungszone. Sie verhinderte in dem nun folgenden Erosionsprozeß, dem das Hochgebirge bis in unsere Zeit ausgesetzt ist, die Verwitterung des kalkhaltigen Sedimentgesteins. Die auf diese Weise entstandene Kalkeifel dehnt sich von Nettersheim, Blankenheim über Gerolstein bis

Links: Besonders im Herbst tauchen Sonnenuntergänge die Landschaft mit ihren Tälern und Bergen in wunderbare Farbstimmungen.

nach Trier aus. Als einziges in der Eifel erhaltenes Fragment der jüngsten Meeresbodenschicht war sie schon in der Mitte des 19. Jahrhunderts ein Anziehungspunkt für Paläontologen und hat wegen ihres Fossilienreichtums Weltruhm erlangt. Geologische Wanderwege führen den Besucher heute durch eine faszinierende Welt des zu Stein gewordenen Lebens vergangener Zeiten, und manchmal ist weithin das Steineklopfen der Paläontologen zu hören.

Von dieser Ausnahme abgesehen, ebnete die Erosion den anderen Teil der Eifel zu einer wenig über dem Meeresspiegel liegenden Rumpffläche ein, legte allmählich die weiter tiefer liegenden Ablagerungen aus Tonschiefer, Grauwacke und Quarzit frei, die die heutige Eifeler Hochfläche bilden. Aus den anfallenden Gesteinsbrocken und -trümmern entwikkelten sich verschiedene Konglomerate, deren Überreste in der Wittlicher Senke und an den Rändern der Senkungszone anzutreffen sind.

Im Erdmittelalter weitete sich das Meer wieder aus und bedeckte die südwestlichen und nördlichen Teile der Eifel. Es erfolgte eine erneute Sedimentation, wobei dem Grundgebirge des Erdaltertums in verschiedenen Zeitperioden ein Deckgebirge aus Buntsandstein, Muschelkalk, Mergel, Dolomit und Gips aufgelagert wurde. Aus dieser Zeit stammen sowohl die Sandsteinformationen im Kyll- und Sauertal (die luxemburgische Schweiz inbegriffen) als auch die Kalkflächen des Bitburger Gutlandes und der Mechernicher Voreifel. Dem stufenweisen Rückzug des Meeres entsprechen hierbei die terrassenartigen Schichtablagerungen.

Als drittes landschaftsformendes Element veränderte der in der Erdneuzeit in Zusammenhang mit der Auffaltung der Alpen aufgetretene Vulkanismus das äußere Erscheinungsbild der Landschaft. Die starken Krustenbewegungen der Erdrinde führten zum Auseinanderbrechen des bis zur Rumpffläche reduzierten Variskischen Gebirges in einzelne Schollen, wobei das Gebiet der Eifel mit Ausnahme der Wittlicher Senke angehoben wurde. Als Folge der Niveauveränderung mußten sich die Flüsse neue Wege suchen, so daß die für die Eifel charakteristischen, tief eingeschnittenen Täler entstanden. Der gesamte Prozeß der alpinen Faltung wurde von enormen Spannungen begleitet, deren befreiendes Ventil viele Vulkanausbrüche waren. Im Gebiet der Eifel existierten mehrere solcher Spannungsfelder mit vulkanischer Tätigkeit, die sich in ihrer zeitlichen Abfolge und ihrer räumlichen Ausdehnung voneinander unterschieden. Zeitgleich mit den ersten Ansätzen der tiefengeologischen Gebirgsbildung, das heißt schon am Ende des Erdmittelalters, kam es in der Wittlicher Senke zu Eruptionen, von denen zwei Kegel, der Neuerburger Kopf und der Lüxemer Kopf, erhalten geblieben sind und dem Wittlicher Tal sein charakteristisches Aussehen verleihen. Drei weitere vulkanische Zentren folgten. So konzentrierte sich im Tertiär der Vulkanismus im wesentlichen auf das Gebiet zwischen Adenau und Kelberg, der heutigen Hocheifel. Aus über 300 Öffnungen wurde aus dem Erdinnern Magma in verschiedensten Aggregatzuständen an die Erdoberfläche befördert, das sich um die Schlote herum zu Kegeln auftürmte. Die meisten dieser vulkanischen Erhebungen aus diesem Auswurfmaterial verschwanden unter dem Einfluß der Witterung wieder. Einige wenige, wie Hohe Acht, Nürburg, Arensberg, Hochsimmer und Hochkelberg, entblätterten sich Schicht um Schicht von ihrem Schuttmantel bis zu ihrem, im wahrsten Sinne des Wortes, harten Kern, worunter man entweder die Schlotfüllung oder die unter der Oberfläche erstarrten Gesteinsschmelzen versteht.

Nach den neuesten geologischen Untersuchungen beschränkte sich der Tertiärvulkanismus nicht nur auf die Hocheifel, sondern war auch in der westlichen Vulkaneifel aktiv. Entgegen aller bisherigen Annahmen und Datierungsversuche ereignete sich in der Nähe von Eckfeld vor ungefähr 50 Millionen Jahren eine gewaltige Wasserdampfexplosion, die aus dem devonischen Untergrund ein großes Loch aussprengte, das sich nach dem Abklingen der Eruption mit Wasser füllte. Das erste Eifelmaar war entstanden. Im Laufe seiner Geschichte durchlief es mehrere Verwandlungsstadien bis hin zur vollständigen Verlandung, so daß jeder Hinweis auf seine ursprüngliche Gestalt vernichtet wurde und es jahrelang als sogenanntes Tal unentdeckt blieb. Seit dem Beginn der Ausgrabungen im Jahr 1987 hat das Eckfelder Maar in Fachkreisen für Sensationen gesorgt, zu denen beispielsweise der Fund eines hervorragend erhaltenen Urpferd-Skelettes zählt. Die Bodenablagerungen des Maares bergen einen einzigartigen Fossilienreichtum, der wie ein »steinernes Tagebuch« die Entfaltung des Lebens in der beginnenden Erdneuzeit dokumentiert und wahrscheinlich dazu beitragen kann, einige Lücken der Evolutionsgeschichte zu schließen.

Die Eruption des Eckfelder Maares war nur ein Vorspiel im Vergleich zu den Ereignissen, die das Westeifeler Vulkanfeld im Quartär heimsuchen sollten. Rund 230 Vulkanausbrüche und zahlreiche Wasserdampfexplosionen lösten einander ab und deformierten die bestehende Landschaftsstruktur. Aschen- und Schlackenkegel bildeten sich, von denen um die hundert je nach Verwitterungsgrad als Kuppen und Hügel das heutige Relief formen. Lavaströme überzogen das Land, manche drangen in die Täler ein, so daß sich viele Bäche entweder einen neuen Weg durch das Gestein gruben oder aber, wie im Alfbachtal bei Strohn, im Üßbachtal bei Bad Bertrich und im Tal der Kleinen Kyll bei Manderscheid, dem sogenannten Horngraben, bizarre Talschluchten formten. Trotz der Fülle an Kratermulden verwandelten sich nur zwei der in der Nähe von Manderscheid liegenden Explosionstrichter des Mosenberges in Kraterseen, indem ihre Öffnungen durch organische Ablagerungen so dicht verschlossen wurden, daß kein Versickern des Wassers mehr möglich war. Ihre Namen »Windsborn- und Hinkelsmaar« irritieren, da es sich hier um Kraterseen und nicht um Maare handelt.

Von den ehemals 40 exisitierenden echten Maaren, die nach dem Muster des Eckfelder Maares aus einer oder mehreren Wasserdampfexplosionen hervorgegangen sind, hat die Mehrzahl, so wie das »Ur-Maar«, das Endstadium ihrer Entwicklung erreicht und sich als sogenanntes Trockenmaar in die Umgebung eingegliedert. Lediglich acht Maarbecken sind noch mit Wasser gefüllt, und ihre Individualität wird durch Größe der Wasserfläche, Tiefe und Gestalt des Maarkessels bestimmt. Einige andere durchlaufen gerade das Stadium der Feuchtwiese, wie der Dreiser Weiher, oder eines Hochmoores, wie der Mürmes oder das Strohner Maarchen, so daß im Westeifeler Vulkanfeld auf engstem Raum alle möglichen Stadien eines Maares anzutreffen sind.

Die dritte Variation vulkanischer Tätigkeit hinterließ im Osteifeler Vulkangebiet den Laacher See als Souvenir. An seiner Entstehung waren nicht die sechs ihn umgebenden Einzelvulkane beteiligt, sondern der wesentlich jüngere Laacher See-Vulkan. Er brach im Juli 9080 v. Chr. aus, wie die Untersuchungen seiner in einigen Hochmooren konservierten Aschen belegen. Die rasche Entleerung seiner ihn speisenden oberflächennahen Magmakammer führte zu deren Zusammenbruch und der Bildung einer 2 x 3 km großen Einsturzsenke. Diese Caldera wurde durch nachfolgende Dampfexplosionen, ausgelöst durch das Aufeinandertreffen von niederfallendem Regen und den noch heißen Gesteinstrümmern, erweitert, wobei auch die übriggebliebenen Reste des Schlotes zerstört wurden. Die zunehmende Abkühlung verringerte die Sprengaktionen, und das Seebecken füllte sich im Laufe der Jahre mit Wasser. Parallel zur Enstehung des Laacher Sees konstituierte sich eine zweite Caldera, der Wehrener Kessel, die jedoch wegen ihrer Wasserlosigkeit wenig bekannt ist. Mit der Geburt dieser beiden Einsturzsenken erreichte der Vulkanismus in der Eifel seinen eindeutigen Höhepunkt. Den Schlußakt seiner aktiven Phase bildete die Eruption des Ulmener Maarvulkans, und als letzte »Nachwehen« kann man die vielen Mineralquellen ansehen.

KLEINE LEKTION IN GESCHICHTE

Seit der Jungsteinzeit (Neolithikum), als die Eifel erstmals als Lebensraum von jagenden, fischenden und sammelnden Neanderthalergruppen entdeckt wurde, war sie immer wieder Invasionen ausgesetzt, so daß sie sich zum Schmelztiegel verschiedener Kulturen entwickelte und nie zu eigener Souveränität gelangte.

Eine historische Spurensuche auf dem Ferschweiler Plateau, mitten im deutsch-luxemburgischen Nationalpark gelegen, veranschaulicht, welchen Einflüssen die Eifel bis zu ihrer Romanisierung ausgesetzt war. Drei von ehemals acht Menhiren bezeugen die Megalith-Kultur, eine im dritten und zweiten Jahrtausend v. Chr. auftretenden Jäger- und Sammlerkultur, deren Lebensgewohnheiten vom Rhythmus der Natur bestimmt wurden. Von diesem Abhängigkeitsverhältnis emanzipierte sich der Mensch der Mittel- und Jungsteinzeit zunehmend durch das Domestizieren von Pflanzen und Tieren, das den Übergang zum seßhaften Bauerntum einleitete. Es entstanden Siedlungszentren, wo neben Ackerbau und Viehzucht unter dem Einfluß orientalischer Hochkulturen auch erste handwerkliche Tätigkeiten wie Metall- und Tonverarbeitung ausgeübt wurden.

Auf dem Ferschweiler Plateau finden sich die Überreste einer solchen, als Festungsanlage gestalteten Niederlassung, die sogenannte Wikingerburg und Niederburg. Sie wurden von den Urnenfelderleuten, einer urkeltischen Bevölkerungsgruppe, die um 1200 v. Chr. in das Gebiet der Eifel eindrang, erbaut und bewohnt. Archäologische Ausgrabungen bestätigen das Nebeneinander von bäuerlicher und handwerklicher Lebensweise, einer in sozialen Schichten gegliederten Gesellschaft, die Handel trieb und in kriegerische Auseinandersetzungen verwickelt war. Ihr ausgeprägter Totenkult, der die Bestattung der Asche der Toten auf Friedhöfen, den sogenannten Urnenfeldern, vorsah, deutet auf eine differenzierte Lebens- und Glaubensphilosophie hin.

Nach dieser ersten Blütezeit setzte mit Beginn der keltischen Wanderung um 400 v. Chr. ein Rückgang des sozialen und kulturellen Lebens ein, da die Bevölkerung stark abnahm und in verschiedene Stämme zersplitterte. In der Südeifel lebten fortan die keltischen Treverer, während der Norden die Heimat der germanischen Eburonen war. Im Zusammenhang mit der Eroberung Galliens durch Julius Cäsar wurde die Eifel um 54. v. Chr. dem römischen Imperium eingegliedert und bildete erstmals in ihrer Geschichte eine territoriale, politische Einheit. Es widersprach den Grundsätzen römischer Politik, die besiegten Völker in den Provinzen nach Anerkennung der römischen Staatshoheit zu unterdrücken. Vielmehr befürwortete und förderte man die politische und wirtschaftliche Integration (divide et impera). So erfolgte in der Eifel eine Latinisierung, die alle Bereiche des politischen, wirtschaftlichen und kulturellen Lebens erfaßtc und zur Assimilierung der »Eifeler Volksstämme« führte. Ein gut ausgebautes, verzweigtes Straßennetz mit der Hauptmarginale Trier–Köln begünstigte die Entwicklung eines florierenden Handels, der unter anderem die vorindustriell geförderten Bodenschätze wie Eisen, Blei und Stein vermarktete. Reste der ehemaligen Römerstraßen sind heute noch zu sehen und finden sich in Straßennamen vieler Dörfer.

Neben diesen natürlichen Ressourcen nutzten die Römer auch die zahlreichen Quellen als Wasserlieferanten für ihre Bade- und Kuranlagen oder zur Trinkwasserversorgung. Die ausgesprochen gute Qualität des Wassers der Sötenicher Kalkmulde führte zum Bau einer quer durch die Nordeifel bis nach Köln meist unterirdisch verlaufenden Wasserleitung, deren noch erhalten gebliebene Brunnenstuben teilweise in das heutige Wasserversorgungsnetz integriert wurden. Einige freigelegte Leitungsabschnitte und die Rekonstruktion von zwei des ehemals 13 Bögen umfassenden Vussemer Aquäduktes dokumentieren die Versiertheit der römischen Ingenieure und Architekten. Trotz der regen Bautätigkeit hat nur ein Bruchteil der römischen Bausubstanz die Stürme der Zeit überdauert. Von den einst so prachtvollen, luxuriös ausgestatteten Villen in Bitburg, Bollendorf, Gerolstein und Wittlich existieren heute nur noch Fundament- und Mauerreste sowie einige Mosaikfragmente, die ansatzweise den hohen Standard der damaligen Wohnkultur widerspiegeln. Außer den Profanbauten und einer Reihe von Grenzsteinen wurden auch einige sakrale Monumente, Tempelanlagen und Denkmäler überliefert, die nicht nur auf die enge Verknüpfung von Religion und Alltagsleben hinweisen, sondern auch die für die Römer typische Adaption fremder Gottheiten belegen. So prägend und umwälzend der »römische Kulturimport« den weltlichen Bereich beeinflußte, in der Religion lebten keltische Elemente fort.

Innere und äußere Unruhen beendeten schließlich die »Pax romana«, den römischen Reichsfrieden, und führten in letzter Konsequenz zur Auflösung des römischen Imperiums und dem Beginn einer neuen Epoche.

Schon im Jahr 260 n. Chr. wurde die Eifel erstmals von einer Völkerwanderungswelle erfaßt und mußte sich gegen eine fränkische Invasion wehren. Die folgenden Jahrhunderte waren bis zur endgültigen Etablierung der fränkischen Herrschaft im 6. Jahrhundert durch den römisch-germanischen Konflikt gekennzeichnet, der einen allgemeinen Kulturverfall auslöste und die Errungenschaften der Römer beseitigte, die größtenteils aus den gefährdeten Provinzen abwanderten. Ihre Siedlungen, Villen und Produktionsstätten zerfielen, während ihre Kultstätten von der Zerstörungswut christlicher Missionare vernichtet wurden. Am Ende der römischen Ära konstituierte sich eine neue Staats- und Gesellschaftsordnung, das Lehnswesen, die in enger Verbindung mit dem Christentum das mittelalterliche Leben prägte, dessen wirtschaftliche Basis die Landwirtschaft bildete. Für eine vorindustriell erschlossene Eifel bedeutete dieser Wandel der Infrastruktur einen eindeutigen Rückschritt. An die Stelle großzügig konzipierter, in Massivbauweise errichteter Landsitze traten kleine Bauernsiedlungen mit einfachen, funktionsbedingten Wohnbauten aus Holz, Flechtwerk und Lehm, die zu königlichen Verwaltungsbezirken zusammengefaßt wurden. So entstand auch der Eifelgau, der, 762 n. Chr. urkundlich erwähnt, als »Pagus eflensis« das Gebiet zwischen der oberen Kyll und der Ahr, dem Quellgebiet der Erft, Hohem Venn, mittleren Ahr und oberen Kyll umfaßte. Später entwickelte er sich zum sammelnden Oberbegriff aller zum heutigen Gebiet der Eifel gehörenden ehemals fränkischen Gaue.

Ab der Mitte des 7. Jahrhunderts änderte sich der Status quo der Eifel erneut, weil ein wirtschaftlicher und kultureller Aufschwung das Land erfaßte. Träger dieser Entwicklung waren die Klöster. Sie erschlossen neue Lebensräume, fungierten als Keimzelle für Handel und Gewerbe und entfalteten sich im Zusammenhang mit der karolingischen Renaissance zu kulturellen Zentren, die antikes Bildungsgut wiederbelebten. Nach der Gründung der Doppelabtei Stablo-Malmédy im Jahr 650 n. Chr. folgten 698 Echternach, 721 Prüm, 817 Kornelimünster (Inden), 830 Münstereifel, 920 Steinfeld, 1093 Maria Laach und 1158 Himmerod. Zwischen den Klöstern und dem Herrscherhaus bestanden meist enge Beziehungen, wobei die Äbte im Austausch für königliche Protektion politische Beratungsfunktionen übernahmen. Hierbei spielte Prüm als Familienkloster der Karolinger eine bedeutende Rolle, die es im 12. Jahrhundert an die Abtei Stablo-Malmédy abgab.

Kloster Steinfeld – Ausschnitt aus einem Stich von N. Nicole

Fast ebenso fördernd wie die zahlreichen Klostergründungen wirkte sich der Bau von mehr als 40 Pfalzen und einer Straße aus, die von Aachen, seit der karolingischen Herrschaft Königsresidenz, durch die Eifel bis nach Frankfurt führte. So avancierte die Eifel vom rein landwirtschaftlich geprägten Land zu einem aufstrebenden Wirtschafts- und Kulturareal, von dem bedeutende Impulse ausgingen; eine Tendenz, die im Spätmittelalter ihren Höhepunkt erreichte.

Nach dem Auseinanderbrechen des karolingischen Reiches unter den Nachfolgern Karls des Großen gelangte die Eifel bei der politischen Neuordnung um 925 zum fränkischen Ostreich, das als deutsches Kaiserreich die Geschichte Europas mitbestimmte.

Parallel zur außenpolitischen Umstrukturierung fand auch im Innern des Landes eine territoriale Umverteilung statt, bei der sich Adel und Klerus, gestützt auf ihr Lehnsrecht, ihren jeweiligen Machtbereich sicherten. In der Eifel entstanden zahlreiche kleine Herrschaftsgebiete mit Burganlagen, die häufig miteinander konkurrierten und auf diese Weise die Formierung eines einheitlichen politischen Machtblocks verhinderten. Infolgedessen glückten die Expansionsbestrebungen der mächtigen Nachbarn, die ihre Territorien auf Kosten der kleineren, unterlegenen Eifeler Territorialherren ausdehnten. Der Erzbischof von Köln gewann das untere Ahrtal hinzu, sein Gegenspieler, der Trierer Bischof, gliederte das Maifeld seinem Hoheitsareal ein. Neben den beiden geistlichen erhoben auch zwei weltliche Würdenträger, der Herzog von Jülich und der von Luxemburg, Gebietsansprüche in der Eifel und okkupierten Teile der Nord- und Westeifel. Einige wenige Adelsgeschlechter, die Grafen von Aremberg, von Salm-Reifferscheid, von Virneburg und der einflußreichste unter ihnen, der Graf von Manderscheid, konnten sich gegenüber diesen Expansionsbewegungen behaupten und ihre Souveränität aufrechterhalten.

Das lebhafte Interesse der vier Landesherren an der Eifel entsprang nicht ausschließlich ihrem Wunsch nach Hegemonialmacht, sondern beruhte auch auf ökonomischen Überlegungen. Neben den Klöstern, die mit großzügigen Ländereien ausgestattet waren, bildeten die zu kleinen Städten heranwachsenden alten Burg- und Pfalzorte rege Wirtschaftszentren, die als lukrative Einnahmequellen lockten und durch entsprechende Privilegien, vor allem durch die Verleihung des Stadtrechts, in ihrer Entwicklung gefördert wurden, so daß sich mit Beginn des Spätmittelalters der Schwerpunkt von der Landwirtschaft zur gewerblichen Produktion hin verlagerte und die Bedeutung der Städte wuchs. Wie zur Zeit der Römer baute man im Südosten der Eifel Basaltlava und Tuff ab, die neben dem Töpfereihandwerk der Stadt Mayen zu einem erneuten Aufschwung seit ihrer ersten Blütezeit als römischer Marktort verhalfen und ein bürgerliches Selbstbewußtsein entstehen ließen, das wegen seiner legendären Wehrhaftigkeit in die Geschichte einging. Im Schleidener Tal förderte und verhüttete man wieder Eisenerz, wie der Chronist Sebastian Münster um 1500 zu berichten weiß: *»Unfern von der graveschafft Manderscheid in den herrschafften Keila, Kronenburg und Schleida im thal Hellenthal macht man fürbündig gut schmideisen, man geußt auch eysen öfen, die ins oberland, als Schwaben und Francken verkauft werden…«*

Auch die Bleierzgewinnung um Mechernich wurde aufs neue aufgenommen. Der Bedarf nach Brennmaterial für die Verarbeitung der Bodenschätze führte einerseits zum Aufstieg des Köhlerhandwerks und andererseits zur Zerstörung großer Waldflächen, insbesondere in der Nordeifel, deren katastrophale Auswirkungen sich im 18. und 19. Jahrhundert spürbar bemerkbar machten und maßgeblich zur Charakterisierung der Eifel als einem kargen, öden Landstrich beitrugen. Die anderen typischen Wirtschaftszweige wurzelten mit Ausnahme des Töpfergewerbes, das sich in Mayen, im Raum Speicher und in Meckenheim etablierte, in der Viehzucht. So entstand in der Hoch- und Westeifel eine Lederproduktion. In der Nordeifel etablierten sich die Zentren der Weber und Tuchmacher.

Am Ende des Spätmittelalters verfügte die Eifel über eine zukunftsträchtige ökonomische Basis, doch ihre politische Struktur, die Zugehörigkeit weiter Teile des Landes zu vier divergierenden Machtblöcken, beeinflußte ihr weiteres Schicksal nicht zum Vorteil. Den Wendepunkt in ihrer Geschichte stellte das Jahr 1541 dar. Mit dem Ausbruch der Jülicher Fehde begann das Zeitalter der kriegerischen Auseinandersetzungen, in die die Eifel unfreiwillig hineingezogen wurde, und die, von einigen längeren Ruhepausen abgesehen, bis in das 20. Jahrhundert hineinreichten. So führte der Streit zwischen dem Herzogtum Jülich und Kaiser Karl V. zur Zerstörung der zu Jülich gehörenden Eifeler Städte Düren, Monschau und Nideggen durch kaiserliche Truppen. Während des Kölner Krieges, der von 1583 bis 1588 andauerte, war die Nordeifel wiederum Schauplatz eines Konfliktes, welcher in seiner regionalen Begrenzung im kleinen die Ereignisse des nachfolgenden Dreißigjährigen Krieges (1618–1648) vorwegnahm. Bis zu dessen Beginn verschärften sich die konfessionellen Gegensätze, und es war symptomatisch für die allgemeine Situation, daß das protestantische Herzogtum Jülich 1589 nach der Rekatholisierung des Erzbistums Köln den aus Aachen vertriebenen protestantischen Tuchmachern Asyl gewährte. Die Mehrzahl von ihnen siedelte sich in dem 40 Jahre zuvor zerstörten Monschau an und baute dort in frühkapitalistischer Manier eine internationale Tuchmachermetropole auf, die unbeschadet allen Kriegswirren widerstand. Erst die unreellen Zahlungsmethoden der französischen Besatzer gegen Ende des 18. Jahrhunderts entzogen der Stadt ihre wirtschaftliche Grundlage und besiegelten damit ihren Untergang. Weitaus drastischer gestaltete sich das Ende der meisten anderen Städte, Dörfer und Burgen der Eifel. In der Schreckenszeit des Dreißigjährigen Krieges blieben sie von den durchziehenden Heeren unterschiedlichster Nationaliäten nicht verschont, sondern wurden ausgeplündert, verwüstet und häufig auch vollends zerstört.

Ungeachtet dieser Greueltaten, denen die Zivilbevölkerung dabei ausgesetzt war, erreichte die Hexenverfolgung während dieser Jahre einen ihrer Höhepunkte, bei dem die Stadt Rheinbach mit einer Bevölkerungsdezimierung von fast einem Fünftel einen traurigen Rekord aufstellte, an den heute noch der berüchtigte Hexenturm erinnert. Die Phase des Wiederaufbaus endete für die Eifel schon knapp 25 Jahre nach dem Westfälischen Frieden. Da der Kölner Erzbischof die französische Expansionspolitik Ludwig XIV., der die Hegemonie über Europa anstrebte, unterstützte, wurden seine Eifeler Territorien sowohl während des Holländischen Krieges (1672–1678) als auch im Verlauf des Spanischen Erbfolgekrieges (1701–1713/14) von marodierenden Freundes- und Feindestruppen drangsaliert. Mit dem Scheitern der Reunionspolitik, also der Ausdehnung der französischen Grenzen gegen den Rhein, setzte eine sinnlose Zerstörung von noch intakten Ortschaften und Burganlagen ein, die die Eifel in eine Ruinenlandschaft verwandelte. Die Burg Eltz entging nur knapp diesem Schicksal durch das Eingreifen ihres Besitzers, des Grafen Johann-Anton von Eltz-Wittingen, der als Offizier in der französischen Armee diente und seinen

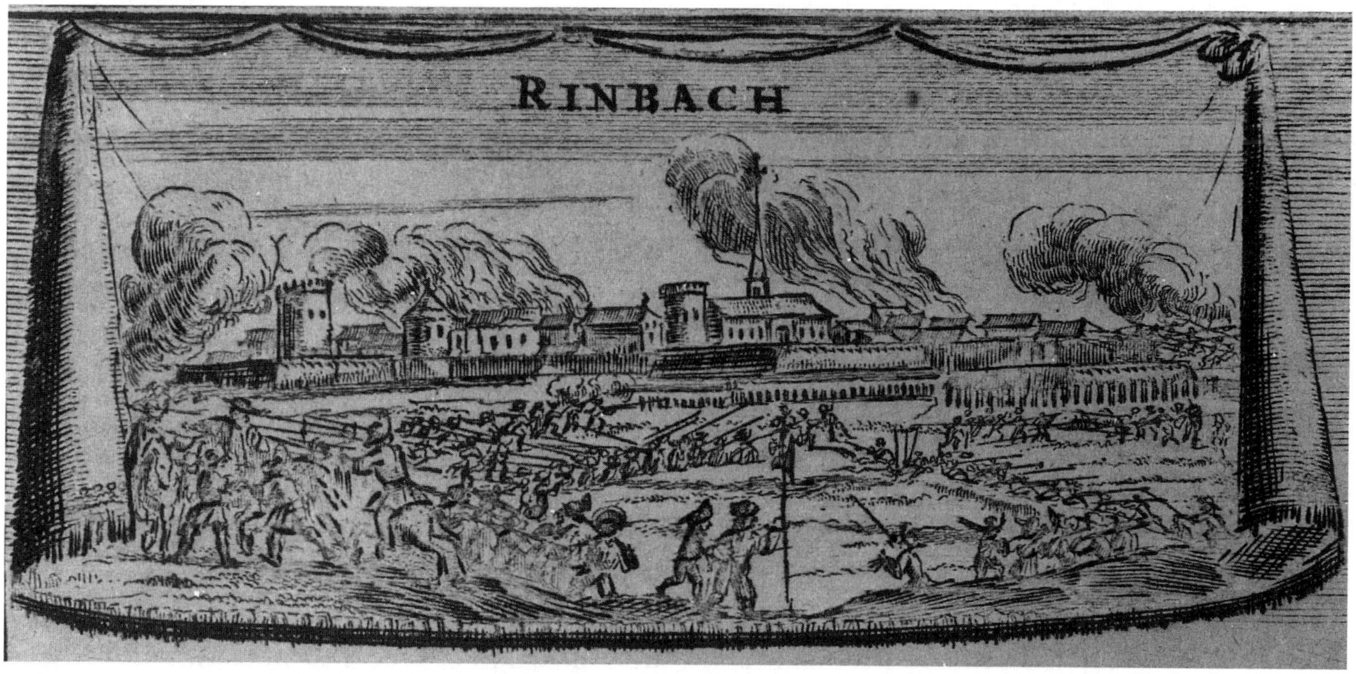

Belagerung und Erstürmung Rheinbachs durch die Holländer 1673 – Kupferstich nach Romeyn de Hooghe

Einfluß geltend machen konnte. Als mittelalterliches Kleinod vermittelt sie einen Einblick in die ritterliche Welt, die in der übrigen Eifel nicht zuletzt durch den noch folgenden polnischen Erbfolgekrieg (1733–1735) und den österreichischen Thronfolgekrieg (1740–1748) in Schutt und Asche gelegt wurde.

Nach über zwei Jahrhunderten ohne Frieden befand sich die Eifel in der Mitte des 18. Jahrhunderts in einem äußerst desolaten Zustand. Durch das Fehlen der früheren Produktions- und Wirtschaftszentren bot einzig die Landwirtschaft der noch verbliebenen Bevölkerung eine geringe Erwerbsmöglichkeit. Die mühsame Rekultivierung des Landes beschränkte sich auf den einseitigen Anbau von Kartoffeln als Hauptnahrungsquelle, wodurch die Hungersnöte zu Anfang und Mitte des 19. Jahrhunderts vorprogrammiert wurden. Anstelle der von Sebastian Münster beschriebenen Viehzucht mit »... *gar weiß viech, und viel milch und molken*...« spezialisierte man sich fortan auf die anspruchslosere Schafhaltung, die jedoch weite Landstriche in Wacholderheiden verwandelte, da die Tiere, von dieser Vegetation abgewiesen, ansonsten alles ihnen zur Verfügung stehende Grün abweideten. Als die französischen Revolutionstruppen im Jahr 1794 in die Eifel eindrangen, hatte sich die wirtschaftliche Lage der meisten Gebiete kaum verbessert. Mit dem Verzicht Preußens auf das linke Rheinufer im Sonderfrieden zu Basel 1795, gelangte das Eifeler Territorium zum zweitenmal in seiner Geschichte, nun allerdings staatsrechtlich legitimiert, unter französische Herrschaft. Die Abschaffung des Feudalwesens, die Deklaration der Menschenrechte sowie die Säkularisation der Klöster verursachte weitreichende Veränderungen der Gesellschaftsstruktur. Viele der adeligen und kirchlichen Herren verließen das Land, wohingegen die Aufhebung des feudalistischen Heiratsverbotes für Mägde und Knechte einen Bevölkerungszuwachs im 19. Jahrhundert förderte, der wegen großer existentieller Schwierigkeiten mehrere Auswanderungswellen, meist in die Vereinigten Staaten von Amerika und in das Ruhrgebiet, nach sich zog.

Der Anschluß an Frankreich steigerte die Nachfrage nach Eisen, das teilweise zu den mittlerweile als Sammelobjekten geschätzten Takenplatten weiterverarbeitet wurde oder in der Waffenproduktion Verwendung fand. In der Nord- und in der Vulkaneifel erwachten die Hüttenwerke zu neuem Leben, wobei der ohnehin schon stark reduzierte Waldbestand weiter schwand und die landwirtschaftlich wenig tauglichen Ödlandschaften zunahmen. Damit vergrößerten sich die Probleme der Landwirtschaft, während sich das übrige Wirtschaftsleben langsam normalisierte, aber in seiner Entwicklung anschließend durch die Neuordnung Europas auf dem Wiener Kongreß 1815, gebremst wurde. Der größte Teil der Eifel wurde als Bestandteil der Rheinprovinz dem Königreich Preußen angegliedert, dessen neugeschaffene Grenze im Westen die beiden Flüsse Sauer und Our war. Das Gebiet jenseits dieser Trennungslinie gehörte fortan zum Vereinigten Königreich der Niederlande. Mit dem Auseinanderreißen des einheitlichen Eifeler Wirtschafts- und Kulturraumes setzte sich in moderner Variation die mittelalterliche Territorialzersplitterung fort; allerdings mit dem Unterschied, daß im Kriegsfall nun beide Teile als Feinde aktiv gegeneinander kämpfen mußten.

Trotz der kurzen Dauer des französischen Interregnums von nur 20 Jahren galt linksrheinisch bis 1900 der Code Napoléon, die bürgerliche Rechtsgrundlage, und noch heute hat dort die gesetzlich vorgeschriebene Trennung von Rechtsanwaltskanzleien und Notariaten ihre Gültigkeit.

Der Wegfall des französischen Absatzmarktes für die preußische Eifel und die schlechten Verkehrsverbindungen ruinierten die Eisenindustrie, die gegenüber den Betrieben des Ruhrgebietes nicht mehr konkurrieren konnte. Abgesehen von der Jünkerather Schmelzhütte, die 1987 ihr 300jähriges Bestehen feierte, schlossen nach und nach alle anderen Werke ihre Tore. Manche Besitzer wanderten in das Ruhrgebiet ab und machten dort als Industrielle der aufblühenden Großindustrie Karriere. An den gleichen wirtschaftshemmenden Faktoren scheiterte auch die Leder- und Tuchproduktion, so daß die Infrastruktur, bedingt durch die weiter verschlechterte Situation der Landwirtschaft, ihren Tiefststand erreichte. Aus dieser durch Arbeitslosigkeit, Armut und Hunger gekennzeichneten Zeit, die zur Entvölkerung ganzer Dörfer führte, stammt die vielzitierte Charakterisierung der Eifel als »Rheinisches Sibirien«. Obwohl die Romantiker, die auf ihren Rhein- und Ahrwanderungen die Eifel entdeckten, schon früh eine intellektuell getragene Rehabilitierung unternahmen, fehlte dieser die Breitenwirkung, und so fand über Generationen keine Revidierung des negativen Urteils statt.

Die Not der Bevölkerung versuchte man mit privaten und staatlichen Maßnahmen zu lindern, wozu auch das wegen seiner Langzeitwirkung von den Eifelern nur widerwillig akzeptierte Aufforstungsprogramm gehörte. Die als »preußisches Holz« verschrienen Fichten- und Kiefernanpflanzungen verdrängten systematisch die ausgedehnten Wacholderheiden und schufen ein neues Landschaftsbild. Nur in wenigen Gebieten bei Alendorf, Bleckhausen, Prüm und im Gebiet der Hohen Acht existiert noch immer die um 1850 für die gesamte Eifel wesensbestimmende Vegetation, die heute wegen ihrer Seltenheit unter Naturschutz steht.

Weniger friedlichen Zwecken diente der ab den 80er Jahren des vorigen Jahrhunderts staatlich subventionierte Aufbau eines Eisenbahnnetzes. Nach dem deutsch-französischen Krieg (1870/71) dachte die militärische Planung der Eifel, gemäß dem Schlieffen-Plan, die Rolle eines Aufmarschgebietes gegen das zum Erbfeind deklarierte Frankreich zu. Im Ersten Weltkrieg gewann dieser Plan Realität, und sein Scheitern bedeutete für die Eifel den Gebietsverlust von Eupen, Malmédy und St. Vith sowie eine bis 1930 währende Besetzung mit alliierten Truppen. Nur zehn Jahre später, nach der Errichtung des Westwalls und dem Ausbau des Straßensystems, wurde die Eifel unter Hitler erneut Aufmarschgebiet. Durch die Ende 1944 gestartete Ardennenoffensive geriet das Gebiet der Eifel in den Brennpunkt der militärischen Handlungen und wurde durch alliierte Bombenangriffe und Sprengungen der zurückweichenden Wehrmacht in eine einzige Trümmerwüste verwandelt. Nach der deutschen Kapitulation teilten die Siegermächte Amerika, Frankreich und England das Gebiet zwischen sich auf, und die Eifel lag, wie schon so oft in ihrer Geschichte, im Einzugsbereich unterschiedlicher fremder Interessenssphären. In den 50er Jahren wurde sie als Folge ihrer vorangegangenen Entwicklung erneut militarisiert und durch Gründung von Armeestützpunkten und Truppenübungsplätzen zu einer bedeutenden Nato-Verteidigungszone ausgebaut, was einer Aktualisierung des Gestern im Heute gleichkommt.

Nicht nur militärisch, sondern auch wirtschaftlich hat sich das Gesicht der Eifel seit Kriegsende gewandelt. Heute präsentiert sie sich, dank staatlicher Wirtschaftsförderungsprogramme und einer verzweigten Verkehrsanbindung, als ein, wie in römischer und spätmittelalterlicher Zeit, landwirtschaftlich und industriell genutztes Land. Trotz jahrhundertelanger Zerstörung eröffnen ihr die Relikte ihres kulturellen Erbes eine neue Existenzmöglichkeit, den Tourismus, so daß sie in der Übergangsphase vom zwanzigsten in das einundzwanzigste Jahrhundert von ihrer Vergangenheit profitiert.

REISEBILDER

VOREIFEL

Das Entree zur Eifel bildet das Eifelvorland. Wer, die Zülpicher Lößbörde durchquerend, sich der gleichnamigen Stadt Zülpich nähert, den empfängt eine flache, offene Landschaft. Tolbiacum, wie der Fernstraßenknotenpunkt Zülpich von den Römern genannt wurde, war wahrscheinlich schon in keltischer Zeit besiedelt. Aus dieser frühen Periode fehlen jedoch sichtbare Spuren, wohingegen eine sehenswerte Badeanlage, die man oberirdisch zum Museum ausgebaut hat und die zahlreiche antike und mittelalterliche Funde beherbergt, die römische Anwesenheit belegt. Welche Bedeutung die Stadt im Mittelalter als Streitobjekt zwischen den rivalisierenden Mächten Jülich und Kurköln genoß, läßt sich heute nur noch an der weitgehend erhaltenen Stadtmauer mit ihren vier mächtigen Toranlagen und der im 14. und 15. Jahrhundert in den Mauerring integrierten Burg erkennen. Diese imposante Wehranlage erhebt sich aus der offenen, keinen Schutz bietenden Landschaft, und das Weiertor gibt einen Begriff von wuchtiger Wehrhaftigkeit. Berühmtheit erlangte Zülpich jedoch nicht aufgrund seiner Architektur, sondern wegen zweier, historisch allerdings nicht belegter Begebenheiten aus seiner bewegten Geschichte. So soll hier im Jahre 496 der Frankenkönig Chlodwig in einer entscheidenden Schlacht die Alemannen besiegt haben, was ihn zum Übertritt zum Christentum veranlaßte und die Christianisierung des Abendlandes einleitete. Auch für seinen Sohn Theuderich war die Stadt schicksalhaft, da er angeblich 531 seinen unliebsamen Kontrahenten, den Thüringerkönig Hermanfried, kurzentschlossen durch einen Sturz von der Stadtmauer, wobei es sich um den römischen Vorgängerbau gehandelt haben soll, aus dem Weg räumte.

Nach der Besichtigung dieses geschichtsträchtigen Ortes empfiehlt sich eine Burg- und Schloßtour durch das Zülpicher und Euskirchener Land. Viele der ursprünglich als Verteidigungsbauten konzipierten und durch zusätzliche, den natürlichen Wasserreichtum der flachen Täler nutzende Wassergräben gesicherten Adelssitze verloren im Laufe der Jahrhunderte durch Zerstörung, Wiederaufbau und Umbau ihren Festungscharakter zugunsten einer Schloßarchitektur. Zu den sehenswerten Beispielen dieser stilistischen Metamorphose gehören die Festungsanlage Burg Veynau, die in ihrem Kern noch wehrhafte Burg Zievel, das romantisch gelegene Wasserschloß Eicks und die um ihr kulturelles Erbe durch Ritterspiele und Wiederbelebung eines Burgmarktes bemühte Wasserburg Satzvey. Die meisten der nördlich von Zülpich und Euskirchen gelegenen Wasserburgen und -schlösser befinden sich im Privatbesitz und sind daher der Öffentlichkeit nur teilweise zugänglich. Über die Wohn- und Lebensweise der nichtadeligen Bevölkerung informiert das Rheinische Freilichtmuseum in Kommern. Der Ort selbst gilt mit seiner aus dem 17. und 18. Jahrhundert stammenden Bausubstanz als eines der schönsten Fachwerkdörfer der Eifel.

Verläßt man die Zülpicher Lößbörde in westlicher Richtung, so gelangt man in die Rur-Eifel, wo in strategisch günstiger Lage, malerisch auf den steil abfallenden Buntsandsteinfelsen des Rurtales, die Ruine der Burg Nideggen thront, die ehemals der Sitz der mächtigen Jülicher Herzöge war. Von dem einst im ganzen Reich berühmten Rittersaal stehen heute nur noch Reste einer Fensterfront. Die Ansicht des kolossalen Bergfrieds erinnert unwillkürlich an dessen historische Rolle als berühmt-berüchtigter »Jenseitsturm«-Kerker mit so berühmten Gefangenen wie den beiden Kölner Erzbischöfen Konrad von Hochstaden und Engelbert II. von Falkenberg. Im Anschluß an den Burgkomplex liegt unterhalb des Burgberges die ummauerte Stadt, in die das Dürener und Zülpicher Tor Einlaß gewähren. Das gestaffelte Ensemble von Stadt, Kirche und Burg, das aufgrund seiner roten Buntsandsteinarchitektur weithin leuchtet, stellt ein Musterbeispiel mittelalterlicher Verteidigungsarchitektur dar. Einen herrlichen Blick auf das grandiose, bei Freikletterern äußerst beliebte Nidegger Felsplateau mit Burgruine und Kirche bietet die landschaftlich reizvolle Straße, die von Nideggen ins Rurtal und weiter nach Heimbach führt.

Eingebettet zwischen dem Fluß und den Ausläufern des Kermeterhöhenzuges breitet sich das Städtchen Heimbach aus, auf einem Felsrücken, über der Rur gelegen, ist die Burg Hengebach der Mittelpunkt. Sie zählt mit zu den ältesten Burgen der Eifel, hat mehrere Zerstörungen erlebt, ist jedoch im Gegensatz zur Burg Nideggen fast völlig wiederaufgebaut. Von ihrem Wehrgang hat man eine schöne Aussicht auf den Ort mit seiner kunsthistorisch interessanten Pfarrkirche St. Klemens und auf die Umgebung. Ein Fußweg mit Panoramablick auf das Staubecken Heimbach und den Rursee führt von der Burg durch den Kermeterwald, immer den Kreuzwegstationen folgend, zum ehemaligen Zisterzienserkloster Mariawald, das seit 1860 von Trappisten bewohnt wird. Dieser Ausflug vermittelt bereits einen Eindruck von der Landschaft, deren Wesen der Kermeter und die künstlich angelegten Stauseen der Eifeler Seenplatte bestimmen. Vom nahegelegenen Schwammenauel lohnt eine Schiffspartie auf der Rurtalsperre zu den idyllischen, von Fachwerkhäusern geprägten Seeorten Woffelsbach, Rurberg und Einruhr. An Wochenenden und Feiertagen ist auch die Urfttalsperre für den Ausflugsverkehr freigegeben.

Nicht weit entfernt erstreckt sich die Oleftalsperre, von der sich ein Abstecher nach Reifferscheid, dem klassischen, von einem Hügel aufragenden Burgdorf, anbietet. Als Residenz des bedeutenden Eifeler Adelsgeschlechtes der Salm-Reifferscheider gegründet, inspirierte seine Komposition aus ehemals intakter, heute nur noch als Ruine existierender Burg und dem äußeren, mit Fachwerkhäusern und Kirche bestückten Mauerring zahlreiche Künstler, zu denen auch der bekannte Eifelmaler Fritz von Wille zählt.

Das benachbarte Wildenburg, welches enge Beziehungen zu Reifferscheid pflegte, wird wegen seiner Fachwerkarchitektur oft mit diesem verglichen. Sein spätmittelalterlicher Burgkomplex hat zwar rein äußerlich weitgehend seinen Wohn- und Wehrcharakter bewahrt, doch das im Innern zur Kirche ausgebaute Burghaus erinnert an den früheren Besitzer, das Kloster Steinfeld. Die Abtei, die unweit der Urft gegründet wurde und bis zur Französischen Revolution das einflußreichste kulturelle Zentrum der Nordeifel war, gehört mit der Basilika, dem gotischen Kreuzgang und dem barocken Klostergebäude des 17. und 18. Jahrhunderts zu den berühmtesten Kunststätten der Eifel. Das Nebeneinander von romanischen, gotischen und barocken Stilelementen, das maßgeblich die Gestaltung des Kircheninnern prägt, ist hier beeindruckend zu einer Einheit verschmolzen.

Bevor man weiter in den Osten der Nordeifel vordringt, empfiehlt sich, quasi als Pendant zu der von Menschenhand geschaffenen Seenlandschaft, eine Exkursion ins urtümliche, sagenumwobene Hohe Venn. Die Lektüre von Klara Viebigs Roman »Das Kreuz im Venn« stimmt auf den Ausflug ein, und während der Anreise bereiten die hohen Buchenhecken, welche die Felder einfassen und die charakteristischen Vennhäuser schützen, auf das oft feuchtkühle Klima des Hochmoores vor. Ein verzweigtes Wandernetz dies- und jenseits der Grenze erschließt eine seltene, oft fremdartig anmutende Tier- und Pflanzenwelt.

Ein Vennaufenthalt knüpft oft an einen Besuch Monschaus, das den Beinamen »Venedig des Nordens« trägt, und, nomen est omen, Jahr für Jahr unzählige Menschen aus dem In- und Ausland anzieht. Während die umliegenden Ortschaften, wie das wegen seiner Venngehöfte bekannte Höfen oder Kalterherberg, auf der Hochfläche des Monschauer Landes liegen, dehnt sich das Städtchen Monschau in der Enge des schluchtartigen Tales der Rur aus. Es wird von einer weitläufigen, in mehreren Bauperioden errichteten Burganlage aus Ober- und Unterburg überragt. Von hier aus hat man einen eindrucksvollen Blick auf den Ort. Die Überreste der Burg bilden einen pittoresken Kontrast zur Unversehrtheit Monschaus. Beim Spaziergang durch die Stadt, durch schmale Gassen und auf Brücken und Stegen über Rur und Laufenbach wähnt man sich angesichts der Fachwerk- und Patrizierhäuser der einflußreichen Tuchmacher in eine andere Zeit versetzt. Neben dem Haus Elbers und dem Haus Troisdorff verdeutlicht am prägnantesten das »Rote Haus« des reichen Tuchmachers Johann Heinrich Scheibler, heute teilweise Museum, die Wohnkultur des wohlhabenden Besitz- und Bildungsbürgertums. Seine unscheinbare Außenarchitektur läßt die prächtige, an adeligen Vorbildern orientierte Innenausstattung mit ihrer repräsentativen freischwebenden Rokokotreppe nicht erahnen. Da die meisten Häuser unter Denkmalschutz stehen, bleibt das historische Stadtbild Monschaus auch in Zukunft erhalten und vergegenwärtigt die wirtschaftliche Blüte dieser frühkapitalistischen Tuchmacherstadt.

Auf eine wesentlich ältere, von Zünften bestimmte Wollwebertradition blickt der Luft- und Kneippkurort Bad Münstereifel zurück. Seine Wurzeln reichen bis ins 9. Jahrhundert, als die Abtei Prüm im oberen Erfttal, der sogenannten Waldeifel, das Tochterkloster »Novum Monasterium in pago Eifle situm«, kurz »Monasterium in Eiflia“, gründete. Aus der 898 mit Markt-, Münz- und Zollrecht ausgestatteten Klostersiedlung entwickelte sich eine Stadt, die nach den Auseinandersetzungen zwischen Kurköln und Jülich im 13. Jahrhundert an das Herzogtum Jülich fiel. Zur Sicherung des neuerworbenen Besitzes befestigte man die Stadt mit einer Burg und mit einer von 18 Wehrtürmen bekrönten Stadtmauer. Vier Tore gewährten Einlaß, und außerdem finden sich zahlreiche Öffnungen für die durch die Stadt fließende Erft. Dieses gigantische, gut restaurierte Bollwerk ist fast vollständig erhalten und begründet als Wahrzeichen den Ruf Bad Münstereifels. Ein Rundgang gewährt eindrucksvolle Blicke auf die Stadt, deren Inneres mit seinen Brücken und Fachwerkgassen an Monschau erinnert. Die Fachwerkarchitektur zeichnet sich jedoch durch reichere Verzierungen aus, herausragendes Beispiel ist das um 1644 erbaute Haus Windeck. Die Ornamentik aus Masken, Schmuckbändern und vielfältig gestalteten Rosetten drängt das eigentliche Fachwerk in den Hintergrund. Die gewachsene mittelalterliche Stadtstruktur läßt sich auch an der zentralen Lage des Marktes ablesen, wo das zweiteilige gotische Rathaus des 15. Jahrhunderts mit spitzbogiger offener Laube und Stufengiebel steht. In der Nähe findet man auch die einstige Jesuiten-Klosterkirche aus dem 17. Jahrhundert mit den dazugehörigen Klostergebäuden und dem Gymnasium. Den zweiten Mittelpunkt bildet der historische Klosterplatz. Dort befindet sich außer der sehenswerten ehemaligen Benediktiner-Stiftskirche, deren Chor und Krypta interessante Kunstwerke der Malerei und Skulptur bergen, auch das »Romanische Haus«, ein selten intaktes Beispiel romanischer Steinhäuser.

Nach diesem kurzen Ausflug ins Mittelalter eignet sich Bad Münstereifel als Ausgangspunkt zu Exkursionen auf den

Spuren der Römer. Im benachbarten Iversheim bezeugen mehrere ausgegrabene Kalköfen die hier vor etwa 2000 Jahren angesiedelte Kalkproduktion, die die reichen Kalkvorkommen der Kalkeifel nutzte. Vor der Weiterfahrt nach Nettersheim, einem wichtigen Zentrum römischer Funde, sollte man die Reste des römischen Aquäduktes in Vussem besichtigen. Die Wasserleitung, die von der Sötenischer Kalkmulde nach Köln führte, wurde witzigerweise entweder als Teufelswerk oder nach Aussagen der »Gesta Trevirorum« als Weinkanal gedeutet. Auf ihrem Weg an den Rhein passierte die Leitung auch Nettersheim, wo man in der Parkanlage des Ortes, dem »Grünen Pütz«, die Reste einer Brunnenstube der ersten Quellfassung sehen kann. Etwas außerhalb steht neben einem neueren Kalkofen noch ein gut restaurierter Kalkofen aus dem 1. Jahrhundert. Auf einer Anhöhe, still und erhaben gelegen, finden sich neben Fragmenten einer römischen Siedlung die Grundmauern der gallo-römischen Tempelanlage »Görresburg«. Sie dokumentiert mit ihren drei Matronendenkmälern die in der Eifel verbreitete Verehrung der Dreimütter. Im Umkreis von Nettersheim verraten weitere Bauwerke wie der rätselhafte, in seiner Funktion ungeklärte »Steinrütsch« und mehrere Tempelanlagen mit Weihestätten die römische Vergangenheit dieser Gegend. Gut ausgeschilderte Wanderwege laden zur Erforschung dieser Kultstätten ein.

Auch im Mittelalter herrschte in diesem Teil der Eifel ein reges Leben, da südlich von Nettersheim der Stammsitz der mächtigen Grafen von Manderscheid-Blankenheim lag, die bis zur Französischen Revolution über die Reichsunmittelbarkeit verfügten. Ihre in Haupt- und Unterburg gegliederte Residenz in Blankenheim dehnte sich auf schmalem, bewaldetem Bergrücken oberhalb des Ortes und des Burgweihers aus und galt wegen der umfangreichen Bibliothek bis zu ihrem ab rupten Ende durch die Franzosen im Jahr 1794 als kleines »Alexandrien«. Nachdem die zerstörte Burg jahrzehntelang ein Dasein als Steinbruch fristen mußte, wurde sie in den 20er Jahren unseres Jahrhunderts wieder teilweise restauriert, ohne jedoch ihr ursprüngliches Aussehen nur annähernd zurückzuerhalten. Von der ehemals gestaffelten Stadtbefestigung existieren noch zwei Relikte, die bei einer Stadtbesichtigung auffallen, der sogenannte Hirtenturm des inneren und das Georgstor des äußeren Berings. Von hier ist es nicht mehr weit bis zur Ahrquelle, die neben dem traditionellen Geisterzug der Karnevalszeit zu den bekanntesten Attraktionen Blankenheims gehört. Das Haus mit der Quelle im Erdgeschoß liegt am Ende eines kleines Platzes, umgeben von Fachwerkbauten, die im Vergleich zu der Fachwerkarchitektur Bad Münstereifels strengere, weniger verspielte Konstruktionen aufweisen. Von der Nepomukbrücke aus hat der Besucher einen malerischen Blick bis zur Ahrquelle und etwas weiter auf Burg, Pfarrhaus und Kirche, deren drei zusammenhängende Schnitzaltäre aus dem 16. Jahrhundert einzigartig in der ganzen Eifel sind.

Die Grafen von Blankenheim erwarben 1719 im oberen Kylltal für 120 000 Gulden die Herrschaft Kronenburg. Trotz seiner wechselhaften Geschichte hat das auf einem Berghügel erbaute, malerisch gelegene Städtchen, von der stark verfallenen Burgruine abgesehen, sein charakteristisches mittelalterliches Erscheinungsbild bis auf den heutigen Tag bewahrt. Seine mit spitzbogigem Nordtor versehene Umwehrung, in die sowohl die Häuser mit ihren Rückwänden als auch die Kirche integriert wurden, läßt auffällige Parallelen zu Reifferscheid erkennen. Neben der vorherrschenden Fachwerkarchitektur mit dem bemerkenswerten Haus Palladt von 1704 verdienten das barocke Amthaus und besonders die Kirche St. Johann Baptist Beachtung. Sie zählt nicht nur zu den wenigen Einstützenkirchen, sondern besitzt auch einen der interessantesten spätgotischen Innenräume der Eifel. Auf den Besucher wirkt Kronenburg wie ein in sich geschlossenes Ganzes, und von den umliegenden Höhen erweckt es den Eindruck einer Insel inmitten der Hügellandschaft, die bereits von den Ausläufern der Vulkaneifel berührt wird.

AHRTAL UND HOCHEIFEL

Bevor die Romantiker jedoch diese plutonische Landschaft der Eifel entdeckten, erkundeten sie, vom Rhein ausgehend, das Ahrtal. Gottfried Kinkels Buch »Die Ahr, Geschichte, Landschaft und Volksleben«, das 1848 erschien, und Jean Nikolaus Ponsarts Lithographien »Souvenirs de l'Eifel et des bords de l'Ahr« (Paris 1831) und »Vallée de l'Ahr Prusse Rhénane« (Brüssel 1839) lenkten die Aufmerksamkeit eines breiten Publikums auf die damals unbekannte Flußlandschaft. Seitdem hat sie ihr »Gesicht« stark verändert. Kinkels Schilderungen einer einsamen und unwegsamen Natur treffen heute nur noch auf die Talpartie zwischen Müsch und Schuld zu, wo auf dem tertiären Basaltkegel Aremberg die Ruine der gleichnamigen Burg liegt. Die treffende Charakterisierung des Romantikers besitzt auch heute noch Gültigkeit. *»Durch den öden Garten tritt man auf das Ruinenfeld. Der erst vor wenigen Jahrzehnten zerstörte Bau macht einen unbeschreiblich wehmütigen Eindruck: Man sieht es den Trümmern an, daß nicht ein kleines Raubnest, sondern ein Prachtpalast hier stand...«* Im Gegensatz zu dem mittleren zählt das untere Ahrtal zu den beliebtesten Ausflugszielen der Eifel. Besucher aus aller Welt strömen hier zusammen, so daß lediglich in den romantischen Nebentälern des Liers- und Kesselingerbachs Menschenleere und Stille herrscht. Neben dem Fluß mit seinen bizarren Schluchten und den herrlichen Schleifen zwischen Altenahr und Mayschoß sind es die bekannten, auf den Rotweinanbau spezialisierten Weinorte, die die Menschen anziehen. Wanderungen entlang des Rotweinpfades bieten dem Besucher eindrucksvolle Ausblicke auf die herrliche Landschaft. Sowohl Altenahr mit seiner als Aussichtspunkt beliebten Burg Are als auch Ahrweiler, wo mit Ausnahme Bad Münstereifels die besterhaltene Stadtbefestigung der Eifel steht, blicken auf eine jahrhundertealte Weinbautradition zurück.

Ahraufwärts, in einem Seitental des Flusses, liegt die tausendjährige Stadt Adenau. Die bunte Fachwerkidylle am Marktplatz aus dem 17. Jahrhundert, das renovierte Hauptgebäude der Johanniterkommende und die katholische Pfarrkirche mit ihren romanischen Bauelementen spiegeln etwas von der einstigen Pracht des kurkölnischen Amtssitzes wider. Die Stadt verdankt ihre Popularität nicht zuletzt der benachbarten weltberühmten Rennstrecke »Nürburgring«, die als Wirtschaftsförderungsprogramm zwischen 1925 und 1927 erbaut wurde und die gut restaurierte Burgruine Nürburg umschlingt.

Die Grafen von Are wählten den zweithöchsten Berg der Hocheifel zum Standort ihrer großangelegten Höhenburg. Von dem ehemaligen Bergfried genießt man bei klarem Wetter einen fantastischen Blick über die gewellte Hochfläche mit ihren aufgesetzten Vulkankuppen, wobei die Hohe Acht als höchster Punkt der Eifel unmittelbar ins Auge fällt. Von ihrem Gipfel hat man eine noch bessere Fernsicht über Westerwald, Ardennen, Siebengebirge und das Rheinland bis nach Köln. Rund um Nürburg und Hohe Acht finden sich auch noch abseits des Weges einige der selten gewordenen Wacholder- und Heideflächen, der früher für die Eifel typischen Vegetation.

SANCTA MARIA AD LACUM

An das Gebiet der Hocheifel grenzt das Osteifeler Vulkanfeld mit dem Laacher See, der, eingerahmt von sechs Vulkanbergen, in dem fast vollständig bewaldeten Oval des Laacher Kessels ruht. Er stellt mit seiner Fläche von 325 ha das größte durch Vulkanismus entstandene Gewässer der Eifel und der gesamten nördlichen Mittelgebirgsregion dar. Die aufsteigen den Blasen seiner Kohlendioxyd-Quellen, die man bei einem Rundgang an der südöstlichen Uferzone beobachten kann, weisen noch sichtbar auf seine vulkanische Entstehungsgeschichte hin. Als Naturschutzgebiet hat er sich teilweise zu einer Oase für eine seltene Tier- und Pflanzenwelt entwickelt, die jedoch durch den Massentourismus der noch bestehenden Badeanstalt mit Campingplatz und des Klosters Maria Laach gefährdet wird.

Die romanische Benediktinerabtei wurde 1093 vom Pfalzgraf Heinrich II., dessen Grabmal man in der Kirche bewundern kann, unmittelbar am Westufer des Sees gegründet, wie der ursprüngliche Name »Sancta Maria ad Lacum« belegt. Die Hochwassergefährdung der Krypta und der Klostergebäude veranlaßte um 1150 Abt Fulbert zum Bau eines Wasserabzugstollens, der, gemeinsam mit dem Nachfolgekanal von 1844, dem See ein Drittel seiner ursprünglichen Wassermenge entzog und die direkte Ufernähe der Abtei aufhob.

Die Monumentalität des Ost- und Westbaues der Abteikirche mit ihren imposanten Turmgruppen und die Dualität der Choranlagen verdeutlicht das politische Bauprogramm einer Priesterkirche im Osten und einer Fürstenkirche im Westen, deren verbindendes Glied das Langhaus war. Eine Reihe architektonischer Details erinnert an die Vorbildfunktion der drei Kaiserdome Mainz, Speyer und Worms. In der letzten Bauperiode um 1290 fügte man dem Westwerk ein Atrium, das sogenannte »Paradies«, an. Sein profiliertes Portal und die reichverzierten Kapitelle gehören zu den Meisterwerken der romanischen Bildhauerkunst im Rheinland. Neben vegetativen und tierischen Darstellungen bezaubern die Abbildungen des Meeresgottes und der Erdgöttin im Inneren des Paradieses, des Teufels und der berühmten Haarausraufer an den Eingangskapitellen. Ihre Bildhaftigkeit erlaubte in einer Zeit, in der die wenigsten Besucher lesen oder schreiben konnten, Geschichten zu erzählen. Die gesamte, lichtdurchflutete Vorhalle mit dem Löwenbrunnen mutet südländisch an und weckt Assoziationen zur Alhambra in Andalusien. Beim Betreten des dunklen Kircheninnern fällt als erstes die Ostapsis mit ihrem glänzenden Mosaik und dem erstaunlichen, einzigartigen Hochaltarziborium ins Auge. Auf der gegenüberliegenden Seite, im Westchor, steht die gotisch beeinflußte Tumba des Stifters mit seiner vollplastischen Figur, die das Kirchenmodell in der rechten Hand trägt. Als Pendant zu dieser Grabstätte befindet sich das Grabmal des ersten Abtes in der sehenswerten Ost-Krypta, die in der ersten Bauphase errichtet wurde und deren Gurtbögen durch den dekorativen Schwarz-weiß-Kontrast von dunklem Basalt und hellem Sandstein belebt werden. Das Zusammenspiel von Kloster und See, von Architektur und Landschaft inspirierte auch Dorothea von Schlegel 1808 zu einer vielzitierten, stimmungsvollen Impression: *»Die waldbewachsenen Felsen um den ... breiten Wundersee, die ganz deutlich noch die Spuren von vulkanischen Ausbrüchen zeigen, und der dichte Wald, die uralten Stämme, so da aller Vergangenheit, die mir bekannt ward ... mir wie heute und gestern dagegen vorkommt ... Dann die Abtei am Ufer mit der alten Kirche, die Menschenspur und Kunst, die uns wieder Beruhigung gibt und Staunen und Schrecken von der Seele löst.«*

Nicht weit von Maria Laach findet man, versteckt im Nettetal, ein glanzvolles Beispiel profaner Baukunst. Nahe bei Mayen, auf einem Felsrücken, den die Nette umfließt, thront das Schloß Bürresheim. Die im Mittelalter erfolgte Aufteilung des Burgkomplexes zwischen den verfeindeten Erzbischöfen von Köln und Trier führte zur Entstehung einer Doppelburganlage. Von der im Westen liegenden älteren »Kölner Burg«, die ab 1190 kurkölnisch war, existiert heute nur noch eine Ruine, die nicht besichtigt werden kann. Ihr trierisches Pendant hat seit dem Umbau im 17. Jahrhundert und der Anlage des französischen Gartens auf der südlichen Terrasse den Charakter eines repräsentativen Wohnschlosses angenommen, das seine mittelalterliche Vergangenheit nicht verleugnen kann. Im Burghof veranschaulicht das Nebeneinander von Bauteilen verschiedener Stilepochen die Phasen der Baugeschichte. Der bei der Architektur beobachtete Einfluß von Spätgotik und Barock setzt sich in der Gestaltung und Ausstattung des Schloßinnern fort, so daß die Harmonie von Außen- und Innenarchitektur den Ruhm der Schloßanlage begründet. Seine abgeschiedene Lage schützte Bürresheim vor der Zerstörung, während das benachbarte Mayen sowohl die Schrecken der französischen Revolutionstruppen als auch die des Zweiten Weltkrieges erlebte und dadurch viel von seinem mittelalterlichen Stadtbild verlor. Die Geschichte seiner Besiedlung, die in der Steinzeit begann, steht in engem Zusammenhang mit den reichhaltigen Basaltvorkommen des Mayener Grubenfeldes, wo jahrhundertelang Mühl- und Reibsteine abgebaut wurden. Bereits in römischer Zeit blühte ein florierender Steinhandel, und Mayen expandierte zu einem bedeutenden Marktort an den sich kreuzenden Heerstraßen Koblenz–Trier. Seine wirtschaftliche Vormachtstellung wurde im 13. Jahrhundert durch die Zugehörigkeit zu Kurtrier gefestigt und erweitert, da der Trierer Erzbischof das Privileg der Stadtrechte erwirkte. Um die neuernannte Stadt und ihre kurfürstliche Residenz »Genovevaburg« enstand eine massive Stadtbefestigung, von der außer einigen Mauerresten nur zwei Tore, das fünfgeschossige Ober- und das breitere dreigeschossige Brückentor, sowie ein Wehrturmpaar, der Vogel- und der Mühlenturm, den Stürmen der Zeit widerstanden haben. Die wiederaufgebaute Genovevaburg, heute Museum des Eifelvereins, öffnet sich mit ihrem barocken Prunktor zur Stadt, wo in axialer Verlängerung hinter dem Marktplatz mit seinem barocken Rathaus von 1717/18 das Wahrzeichen der Stadt, die spiralförmig gedrehte Turmspitze der St.-Klemens-Kirche, aufragt. Der dazugehörende Sakral-

Mayen

bau zählt zu den ältesten gotischen Hallenkirchen links des Rheins. Mayen hat bis zum heutigen Tag seine historische Rolle als Wirtschaftszentrum zwischen Trier und Koblenz beibehalten, und seine lebendige Markttradition feiert in der 3. Oktoberwoche mit dem Lukasmarkt, dem größten Eifler Jahrmarkt, ihren Höhepunkt.

Den Besuch Mayens sollte man mit einer Erkundungsfahrt durch das reizvolle Elzbachtal verknüpfen, wo drei Kleinode der Eifel liegen. Am oberen Bachlauf lädt das romantische Monreal zum Verweilen ein. Sein Ortsbild wird durch die gotische Kirche und die Fachwerkhäuser, die sich zu beiden Seiten der Elz in schmalen Gassen aneinanderreihen, bestimmt. Drei mittelalterliche Steinbogenbrücken überspannen den klaren Bach, wobei auf den beiden äußeren Brücken die frühere Stadtmauer ruhte. Die mittlere »Nepomukbrücke« diente als Transportweg und verdankt ihren Namen der auf ihr stehenden bemalten Sandsteinfigur des Brückenheiligen, dem das in seiner Art einzigartige Löwendenkmal aus Basalt gegenübergestellt ist. Über dem Ortskern ragen die Mauerreste zweier Burgen aus dem 13./14. Jahrhundert in den Himmel, und die ganze Szenerie aus Bachlauf, Fachwerkidylle und Burgruinen erinnert an Monschau. Die Chronik beider Städte zeigt auffällige Gemeinsamkeiten. Nach der ersten Blütezeit als befestigtes mittelalterliches Burgstädtchen wurde Monreal zweimal hintereinander zerstört (1632 und 1698), und erst das aufstrebende Tuchmachergewerbe des 18. Jahrhunderts verhalf ihm zu einem erneuten Aufschwung und schenkte ihm sein malerisches Aussehen.

Von Monreal führt der Weg elzabwärts zur Burg Pyrmont, die, umgeben von Wäldern, auf einer Felswand ruht. Bevor man sie erreicht, überquert man den Elzer Wasserfall auf einer steinernen Brücke mit Kapelle und wandert an der Fachwerkmühle und dem Burgweiher entlang. Von hier unten zeigt sich die Burg mit ihrem hohen Bergfried und dem schmucklosen Barockschloß von 1712 in ihrer ganzen Monumentalität. Umrahmt wird dieser gesamte Gebäudekomplex von den Relikten der beiden Vorburgen, die gemeinsam mit Schloß und Bergfried besichtigt werden können.

In einiger Entfernung zur Burg Pyrmont liegt an der Grenze des Maifeldes, versteckt im Wald, die Burg Eltz, die bislang von jeglicher Zerstörung verschont blieb. Das Bild Pyrmonts noch vor Augen, überrascht der Anblick von Burg Eltz, wenn man den steilen Pfad in Richtung Burg wandert und zu dem ersten Aussichtspunkt kommt, um so mehr. Mit ihren acht hohen, ineinander verschachtelten Wohntürmen, die jeden Quadratmeter des steilen Burgfelsens ausnutzen und durch Türme, Erker und anderen Bauzierat geschmückt sind, verkörpert sie die allgemeine Vorstellung einer Märchenburg, die ihresgleichen sucht. Ab 1269 war sie im Besitz von drei Linien der Familie derer von Eltz, die in einer Art »mittelalterlichen Wohngemeinschaft« ihre Residenzen nebeneinander errichteten und das Problem der Enge durch die Vielgeschossigkeit der Häuser, die bis zu sieben Stockwerke zählen, lösten. Jede Familie gestaltete ihren Wohnbereich individuell, worauf bereits die repräsentativen Außenfassaden im Burghof hinweisen. Bei einer Führung durch das Burginnere erhält man in einzigartiger Weise einen Einblick in den ritterlichen Wohn- und Lebensstil. Die stilistische Variationsbreite der Innenarchitektur, die Fülle an Kunst- und Einrichtungsgegenständen aus mehreren Jahrhunderten, wozu beispielsweise die Gemälde- und Waffensammlungen gehören, lassen die Besucher die Gegenwart vergessen. Einen im wahrsten Sinne des Wortes glanzvollen Höhepunkt bildet die Besichtigung der Schatzkammer, die über 300 Meisterwerke des Kunsthandwerkes aus Gold, Silber und Elfenbein birgt.

Aus der Enge des unteren Elzbachtales gelangt man nach wenigen Kilometern auf die sanft gewellte Hochfläche des Maifeldes, dessen Felder und Wiesen die Fruchtbarkeit des Bodens bezeugen. Sowohl Kelten als auch Römer betrieben hier schon Ackerbau, und das historisch kulturelle Zentrum Münstermaifeld war in römischer Zeit nachweislich durch ein Straßenkastell gesichert. Der Name, der in seiner verlängerten Form »Münster im Maifeld« lautet, informiert über den Stadtmittelpunkt, die ehemalige Stiftskirche St. Martin und St. Severus. Das weithin sichtbare, wehrhafte romanische Westwerk wirkt wie ein Teil einer Befestigungsanlage. Es beherrscht den Außenbau dieser kunsthistorisch bedeutenden Basilika, deren Architektur von Romanik und Gotik beeinflußt wurde. Von ihrer prachtvollen Innenausstattung sind nur noch einige Kunstwerke wie die romanisch-gotischen Wandmalereien, der romanische Taufstein, der berühmte »Münstermaifelder Goldaltar«, die »Schöne Madonna« des 14. Jahrhunderts und die barocke Orgel erhalten geblieben. Da auch die Altstadt Münstermaifelds größtenteils zerstört wurde, beschränken sich ihre Sehenswürdigkeiten auf die Reste der Stadtmauer mit ihrem runden Pulverturm, das alte Rathaus (1575–1583), die barocke Dechanei und die ehemaligen Kanonikerhäuser, von denen das »Doppelerkerhaus« am bekanntesten ist.

VULKANEIFEL – LAND DER MAARE

Je weiter man sich von Münstermaifeld in nordwestlicher Richtung entfernt, um so stärker verändert sich das Relief der Landschaft. Anstelle der gewellten Hochfläche ragen hohe, teilweise bewaldete Bergkuppen auf und künden die Vulkaneifel an, die für viele als Inbegriff der Eifel gilt.

Ernst Moritz Arndt sah in ihr das Produkt des Titanenkampfes, bei dem der uralte Titanenriese »*... die Erde mit ihren Bergen und Felsen den Göttern droben an die Köpfe zu werfen drohte*«. Ein sehr lyrischer Vergleich, der aber in seiner Plastizität etwas von der Dramatik der Entstehungsgeschichte wiedergibt. Die Hauptattraktion der Vulkaneifel, die acht mit Wasser gefüllten Maare, konzentrieren sich im wesentlichen um die beiden Orte Daun und Gillenfeld. Doch die Maarexkursion beginnt bereits in Ulmen, wo im tief eingesenkten Maarkessel das jüngste Zeugnis des Quartärvulkanismus, das Ulmener Maar, ruht. Rund um die Wasserfläche fügen sich Natur- und Kulturgeschichte zu einer unverwechselbaren Kulisse zusammen, da an der Ostseite auf dem Rand der bewaldeten, steil abfallenden Kraterwandhälfte die zweiteilige Burgruine des Stammsitzes der Ulmener Grafen steht. Unterhalb von ihr schließt sich bis dicht an das Maarufer der Ort an, dessen Kirche, 1905 in Anlehung an mittelalterliche Hallenkirchen erbaut, über ein sehenswertes Ambiente verfügt. Gerade die Koexistenz vergangener und gegenwärtiger Spuren menschlicher Kultur, die bei keinem der anderen Maare zu finden ist, macht den Reiz des Ulmener Maares aus. Sein etwas abseits von den übrigen Maaren gelegener Standort hat gemeinsam mit dem seit mehreren Jahren herrschenden strengen Naturschutz dazu beigetragen, daß es zu den weniger bekannten Vertretern der »Augen der Eifel« zählt.

Am berühmtesten ist zweifellos die Dreiergruppe aus Weinfelder-, Schalkenmehrener und Gemündener Maar, die man häufig auch als die »Dauner Maare« bezeichnet, da sie alle in geringer Entfernung von der Stadt Daun liegen. Diese alte keltische Siedlung, die heute einen renommierten Ruf als Luft- und Kneippkurort genießt, erlitt 1689 und besonders im Zweiten Weltkrieg schwere Zerstörungen und wurde so ihres historischen Stadtbildes beraubt. Trotzdem stößt man noch auf vereinzelte Zeugnisse aus ihrer Geschichte wie die Mauerfragmente der Burganlage, in deren Nähe mehrere ehemalige Burgmannenhäuser erhalten geblieben sind. Auch die Pfarrkirche St. Nikolaus birgt interessante Kostbarkeiten.

Auf einer steil ansteigenden Straße erreicht man hinter dem Mäuseberg das Weinfelder Maar. Seine charakteristische, fast kreisrunde Form, der an einigen Stellen sichtbar werdende dunkle, schwarze Lavasand und die inmitten eines kleinen Waldes gelegene Weinfelder Kirche aus dem 14. Jahrhundert mit ihrem Friedhof faszinierten seit jeher die Menschen und regten ihre Phantasie an, so daß sich zahlreiche Sagen und Legenden um den Ursprung dieses Maares und seiner sakralen Architektur ranken. Seinen zweiten Namen, Totenmaar, leiten manche von einer Legende ab, andere wieder glauben, er entspringe der rätselhaft erscheinenden Einsamkeit der Begräbnisstätte, die in Wirklichkeit eher daher rührt, daß im 16. Jahrhundert die Pest zum Untergang des um die Kirche gruppierten Ortes Weinfeld führte.

Nur wenige Meter, aber ein beachtlicher Höhenunterschied, trennen das Weinfelder Maar von dem flachen Doppelkrater des Schalkenmehrener Maares, das wegen der starken Eutrophierung des östlichen Beckens kaum noch als »Zwillingsmaar« erkennbar ist. An seinem Südufer breitet sich das Dorf Schalkenmehren aus, das von der touristischen Erschließung des Gewässers profitiert, die aus der Idee der Lokalisierung des Tourismus auf ausschließlich drei Maare entstand. Während am Schalkenmehrener Maar reger Bade- und Wassersportbetrieb herrscht, steht das Weinfelder Maar unter strengem Naturschutz und ist nur für Wanderfreunde offen. Der Panoramablick vom Parkplatz auf der Umwallung des Weinfelder Maares verdeutlicht, daß sich das Gemündener Maar von den beiden anderen durch einen dichten Laubwaldkranz abhebt, der lediglich von der Badeanlage unterbrochen wird.

Das Pulvermaar bei Gillenfeld weist, was Form und Gestalt des Maarkessels anbelangt, viel Ähnlichkeit mit dem Gemündener Maar auf. Mit einer Fläche von 36 ha und einer maximalen Tiefe von 74 m stellt es nicht nur eines der größten Maare der Westeifel dar, sondern auch das tiefste Gewässer Deutschlands außerhalb der Alpen. Seinen Namen verdankt es den pudrigen Ascheablagerungen am Ufer, wo Campingplatz und Badeanstalt im Sommer unzählige Besucher anlocken. Außerhalb der Saison, wenn sich das Maar von den Strapazen des Fremdenverkehrs wieder regeneriert, lädt der herrliche Buchenwald zu einem einsamen Waldspaziergang um den See ein.

Zwischen dem Pulvermaar und dem kaum bekannten, noch sehr urtümlichen Immerather Maar liegt am Fuße des Römerberges eines der wenigen noch wachsenden Eifeler Hochmoore, das Strohner Maarchen. Seine hervorragend an die extremen Bodenverhältnisse angepaßte Vegetation mit Moosbeere, Wollgras und Sonnentau erinnert an die artverwandte Vennlandschaft. Eine weitere Erscheinungsform eines Maares stellt der Mürmes zwischen Ellscheid und Saxler dar, der sich als Feuchtwiese in einem Übergangsstadium zwischen Vermoorung und Verlandung befindet. Seine beachtliche Vielfalt spezifischer Pflanzengesellschaften ließ ihn zu einem Refugium für bedrohte Tierarten werden, und so kann man neben seltenen Entenarten auch die rastenden Kraniche im Frühjahr und Herbst beobachten.

Bevor man die Erkundung der Westeifeler Maarwelt fortsetzt, bietet sich von Strohn aus ein Abstecher ins benachbarte Alfbachtal an, wo die Gewalt des Wassers eine Landschaft geschaffen hat, die zu Recht die Bezeichnung »Strohner Schweiz« verdient. Auf dem Weg zu ihr kommt man an einer Kuriosität, der koloßartigen, 120 Tonnen schweren Vulkanbombe vorbei, die man 1969 beim Abbau vulkanischen Gesteins am Wartgesberg bei Strohn fand. Sie gibt einen Vorgeschmack auf die bizarre Vulkanszenerie, die einen am Mosenberg, unweit von Manderscheid, erwartet. Die Straße von Gillenfeld nach Manderscheid kreuzt kurz hinter Gillenfeld noch drei interessante Maare, die einen Zwischenstopp lohnen. Als erstes fällt das von einem lichten Buchenwald umstandene Holzmaar ins Auge. Als zweitkleinstes, ausgesprochen flaches Maar durchlebt es gerade den langsam fortschreitenden Verlandungsprozeß, den die Pflanzenteppiche an der seichten Uferbank andeuten. Einmal im Jahr verwandeln sie große Teile der Wasserfläche in ein leuchtendes Blütenmeer weißen Hahnenfußes, und angesichts dieser Pracht kann man kaum glauben, daß es sich dabei um Vorboten des Unterganges für das wassergefüllte Maar handelt. Ein kleiner Spaziergang führt zu dem benachbarten, sich hinter einem Waldstreifen ausdehnenden Dürren Maar, das seine Metamorphose bereits abgeschlossen hat, die ähnlich wie beim Strohner Maarchen in Abhängigkeit von der Bodenstruktur zur Hochmoorbildung führte. Interessanterweise bildet sich nach starken Niederschlägen auch hier ein Wassergürtel um das Maar, dem dann in seiner Isolation das Flair einer geheimnisvollen, unerreichbaren Insel anhaftet. Klein und unscheinbar, so daß die Wenigsten sie bemerken, liegt nur wenige Meter entfernt die Hitsche, deren Moorfläche knapp 70 Meter im Durchmesser beträgt.

Ergänzt wird dieses Spektrum verschiedener Maargenerationen durch das »Eckfelder Urmaar«, ein bedeutender mitteleuropäischer Fundort von Fossilien, dessen Anblick den Besucher verblüfft, da nur noch die Form seine Vergangenheit als wassergefüllter Sprengtrichter erahnen läßt.

Das nächste Zentrum vulkanischer Tätigkeit entstand jenseits des Flusses Lieser, und so windet sich die Straße von der Eckfelder Höhe erst einmal ins bewaldete Tal hinab, wo zwischen den Ortsteilen Niedermanderscheid und Manderscheid auf den Felsrücken an einer Flußschleife vis-à-vis die Ruinen der Burganlagen von Manderscheid stehen. Da die ältere Oberburg zum Besitz Kurtriers gehörte und der Familienbesitz der mächtigen Manderscheider Grafen, die Niederburg aber luxemburgisches Lehen war, prägte jahrhundertelang die Rivalität dieser beiden Mächte die Beziehungen der benachbarten Residenzen. Anfang des 15. Jahrhunderts sah sich Graf Dietrich II. von Manderscheid zum Ausbau und zur Befestigung seines Anwesens veranlaßt, wobei er die Talsiedlung Niedermanderscheid in das Verteidigungswerk integrierte. Noch heute beherrscht der seit jener Zeit gestaffelte und vielfältig gegliederte Gebäudekomplex der Niederburg mit dem imposanten, 18 Meter hohen Bergfried das Burgenpanorama. Einen der schönsten Blicke auf die beiden mittelalterlichen Wahrzeichen inmitten der Flußlandschaft gestattet der Parkplatz am Rand der Manderscheider Bergkuppe, aber auch der ausgewiesene Rundweg, den man nach Möglichkeit mit der Besichtigung der gräflichen Burg verknüpfen sollte, eröffnet immer wieder reizvolle Ausblicke.

Sobald man das Liesertal verläßt und den Kurort Manderscheid auf der Hochfläche passiert, führt der Weg durch das kurvenreiche Tal der Kleinen Kyll nach Bettenfeld zu der Vulkangruppe am Mosenberg. Vier sehr unterschiedlich geformte Schlackenkegel bestimmen das Erscheinungsbild dieser plutonischen Landschaft. Bei zweien von ihnen blieb die Umwallung erhalten, und bis zum Jahr 1840 besaß der Mosenberg zwei dicht beieinander liegende Kraterseen. Dann legte man den fälschlicherweise als Maar bezeichneten nordöstlichen Krater des Hinkelmaares zur Torfgewinnung trocken, und seitdem ist der ältere Windsborn der einzige echte Kratersee der gesamten Eifel. Seine südliche Kraterwand besteht aus hoch aufragenden, pittoresken Schweißschlackengebilden, die von einem Holzkreuz bekrönt werden und von denen man eine hervorragende Sicht auf den nahezu kreisrunden See und die gesamte Umgebung genießen kann. Die Kargheit dieser vulkanischen Formationen kontrastiert sehr stark zu dem begrünten Vulkanring. Im Frühjahr kann man auf dem Rundwanderweg Hunderte von Erdkröten beobachten, die sich hier zur Paarung treffen.

Wesentlich andere Strukturen hinterließ der etwas frühere Lavastrom des Südkraters des Mosenberges, der durch den Horngraben bis ins Tal der Kleinen Kyll floß. In der Wolfsschlucht, dem unteren Teil des Grabens, bildete er beim Erkalten schlanke, bis 30 m mächtige Basaltsäulen. Ein Teil der restlichen Lavamasse wurde von einem kleinen Bach durchschnitten und in Lavablöcke unterschiedlicher Gestalt und Größe zerlegt, die heute von Moos überzogen sind. Mit den Eruptionen des Meerfelder Maares, welche sich ungefähr 1 km nordwestlich vom ursprünglichen Zentrum des Geschehens ereigneten, klang die Vulkantätigkeit des Mosenbergmassivs aus. Eine Vorstellung von der Gewalt der dabei freigesetzten Energie vermittelt der Maarkessel, der mit einem Durchmesser von 1,5 km die größte Ausdehnung aller Eifeler Hohlformen aufweist und neben dem eigentlichen Maar den Ort Meerfeld und ausgedehnte Wiesen und Felder beherbergt. Gerade die landwirtschaftliche Nutzung belastete das Maar so stark, daß man in den 80er Jahren eine einzigartige Gewässersanierung zum Schutz dieses Naturdenkmales durchführte und es auf diese Weise vor dem »Umkippen« rettete.

Bevor man den geologisch vielfältiger gestalteten Nordwesten des Westeifeler Vulkanfeldes in der Umgebung von Gerolstein und Hillesheim entdeckt, sollte man von Meerfeld aus das Wacholderschutzgebiet bei Bleckhausen, eines der schönsten seiner Art, besuchen. Die selten gewordene, früher für die Eifel typische Vegetation von Säulen- und Kelchwacholder mutet sehr archaisch an, und es gehört etwas Phantasie dazu, sich das vergangene Landschaftsbild zu vergegenwärtigen.
Die Besichtigung der seit 1840 in Brockscheid betriebenen Glockengießerei führt in die Welt eines in Deutschland kaum noch ausgeübten Handwerkes. Die verschiedenen, sehr zeitaufwendigen Arbeitsgänge, von der Herstellung des Modells bis zur fertigen Glocke, werden bei den stündlich stattfindenden Führungen aufs anschaulichste erläutert, und mancher Gast erinnert sich dabei an Schillers episches Gedicht »Das Lied von der Glocke«. Zu den spannendsten Augenblicken der gesamten Produktion gehören der Glockenguß, bei dem das glutflüssige Metall das Lehmmodell ausfüllt, und die spätere Geburt der Glocke, die mit der Zerschlagung der Gußform und der Überprüfung des Klanges durch den Glockenprüfer einhergeht. Die fertigen Klangkörper werden weltweit verkauft, so daß rund um den Globus Brockscheider Glocken ertönen.

Von den Vulkanhöhen um Brockscheid führt der Weg ins Kylltal nach Gerolstein, wo Jahrmillionen geologischer und anthropologischer Zeitgeschichte sichtbar werden. Die mitteldevonische Gerolsteiner Kalkmulde mit ihren charakteristischen Dolomitfelsen Munterley, Auberg und Hustley, den Resten eines uralten Korallenriffes, zählt zu den bedeutendsten Fossilienfundstätten der Erde, und jedes namhafte paläontologische Museum weist Fundstücke von ihr auf. Wer Interesse am Fossiliensammeln hat, kann im Rahmen der angebotenen geologischen Exkursionen sein Glück versuchen.

Im Norden der Munterley befindet sich das Buchenloch, eine der vielen Karsthöhlen dieses Felsens, die um 30 000 v. Chr. von unseren Vorfahren bewohnt wurde, wie Knochen- und Werkzeugfunde belegen. So kann man davon ausgehen, daß Menschen den Ausbruch des Papenkaulvulkans vor etwa 10 000 Jahren miterlebten. Er durchbrach das über ihm liegende Dolomitmassiv der Munterley, und sein Lavastrom breitete sich durch das Tal zwischen Munterley und Auberg bis auf die Niederterrasse der Kyll aus, wo man heute entlang der Eisenbahnstrecke seine meterhohen Aufschlüsse bewundern kann. Gleichfalls sehenswert sind die Schweiß- und Wurfschlackenwände an der Hagelskaul, der lateralen Lavaförderstelle. Durch die morphologischen Veränderungen des Vulkanismus entstand ein ganz besonderer Landschaftstyp, der heute als Mischform von Kalk- und Vulkaneifel den geologisch Interessierten besonders beeindruckt und bereits vor Jahrtausenden, die uralten Siedlungswurzeln deutend, die Menschen anzog. So finden sich auf der Dietzenley die Reste eines vorgeschichtlichen Ringwalls (Fliehburg), und aus römischer Zeit stammen sowohl der gallo-römische, den Gottheiten Herkules und Caiva geweihte Tempelbezirk auf der Hustley als auch die Villa Sarabodis aus dem 1. Jahrhundert v. Chr. mit ihren Gräbern, in denen rätselhaft deformierte Skelette lagen. Sie ist heute zu einem Museum umgebaut.

PRÜM UND DAS BITBURGER LAND

Im Mittelalter expandierte Gerolstein mit der Verleihung der Stadtrechte im Jahr 1336 zu einem befestigten Burgstädtchen, doch weder von der auf einem Felsplateau über dem linken Kyllufer thronenden sogenannten Löwenburg noch von der Stadtbefestigung blieben mehr als ein paar Mauerfragmente erhalten. Das kunsthistorisch interessante Bauwerk, die evangelische Erlöserkirche, wurde 1911–1913 vom evangelischen Kirchenbauverein Berlin unter der Ägide Wilhelm II. neben der römischen Villa erbaut. Als kreuzförmiger Zentralbau mit achteckigem Mittelturm und kurzem Langhaus orientiert er sich an italo-byzantinischen Vorbildern und gewinnt seinen prachtvollen Raumeindruck durch die gewaltige Kuppel und die zahlreichen Marmorsäulen und Mosaike. Einen Besuch lohnt auch das schöne Renaissance-Pfarrhaus von 1545, in dem sich das Kreisheimatmuseum mit seiner bekannten geologischen Sammlung befindet.

In unmittelbarer Nähe von Gerolstein, oberhalb des Dorfes Pelm, überragt auf einem Basaltfelsen die Kasselburg das Land, die zu den stattlichsten und besterhaltensten Eifelburgen zählt. Mehrere Stilepochen, von der Romanik bis zur Spätgotik, beeinflußten den Bau, der, einmalig in der Geschichte der deutschen Burgenarchitcktur, einen achtgeschossigen, 37 m hohen kombinierten Wohn- und Torturm

Gerolstein – Lithographie von N. Ponsart (1834)

besitzt. Von dieser architektonischen Besonderheit abgesehen, genießt die Kasselburg einen Ruf als Adler- und Wolfspark.

Fast zeitgleich mit der Errichtung der ältesten Bauteile der Kasselburg bauten die Herren von Reifferscheid-Wildenburg in der Hillesheimer Kalkmulde eine Burg, die sie um 1300 gemeinsam mit dem Ort befestigten. Ihre Residenz wurde zerstört, doch die Reste der Anfang des 16. Jahrhunderts erhöhten, mit Zinnen bekrönten und von runden Schalentürmen unterbrochenen Stadtmauer gelten heute als Wahrzeichen der Stadt und vermitteln einen großartigen Eindruck mittelalterlicher städtischer Wehrhaftigkeit. Dank einer geglückten Stadtsanierung, die beispielhaft ist, wurde auch in der Altstadt der ursprüngliche Charakter des mittelalterlichen Marktortes wiederhergestellt, und nach wie vor herrscht an jedem ersten und dritten Donnerstag des Monats ein reges Markttreiben bei dem traditionellen Vieh- und Krammarkt.

In Kerpen lohnt die Besichtigung der Ruine der Wasserburg der Herren von Kerpen. Bekannt wurde die im 12. Jahrhundert begonnene und bis ins 17. Jahrhundert immer wieder umgestaltete Anlage durch den Eifelmaler Fritz von Wille, der sie nicht nur oft malte, sondern seit 1911 auch bewohnte und dort unter einer hohen Basaltsäule beerdigt liegt.

Einen besonderen Stellenwert in der Reihe der Eifelburgen nimmt die nicht weit entfernt gelegene Mirbacher Burgruine ein, die im Sinne eines Familiendenkmales der Freiherren von Mirbach als künstliche Ruine konzipiert wurde und einen bemerkenswerten »architektonischen Manierismus« verkörpert. In der Nähe steht auf einem Hügel, eingerahmt zwischen Bäumen, die um ein Jahr ältere, 1902 bis 1903 im neoromanisch-wilhelminischen Stil errichtete Erlöserkirche, welche in sich Gotteshaus, Ehrenhalle und Familiendenkmal vereinigt und den Vorgängerbau zur Gerolsteiner Erlöserkirche darstellt. Von Mirbach bietet sich ein Abstecher ins benachbarte Lamperstal an, wo speziell um Alendorf reiche Wacholdervorkommen die Landschaft prägen.

Auch in der am Rand der Schnee-Eifel gelegenen Prümer Kalkmulde wachsen noch die für den Kalkboden typischen Wacholderheiden, die auch wegen ihres Orchideenreichtums bekannt sind. Hier, im Flußtal der Prüm, gründete 721 Bertrada von Mürlenbach gemeinsam mit ihrem Sohn ein Benediktinerkloster, das sich zu einem der einflußreichsten der Eifel entwickelte und bis zu seiner Annexion durch Kurtrier im Jahr 1575 ein autonomer Klosterstaat war. Nach der Zerstörung von Kirche und Kloster baute man im 18. Jahrhundert, dem damaligen Zeitgeist des Barocks nur annähernd entsprechend, beide Gebäudekomplexe wieder auf. Seitdem beherrscht die markante Doppelturmfassade der St.-Salvator-Basilika mit ihrem gotisierenden Innenraum das Stadtbild.

Zum Besitz der Abtei Prüm gehörte zeitweise die im oberen Nimstal gelegene Herrschaft Schönecken. Ihre einstmals mächtige Burg auf dem Bergrücken über dem Ort fiel Anfang des 18. Jahrhunderts einem Brand zum Opfer, wurde daraufhin zum Abbruch verkauft und als Steinbruch bis auf den imposanten Bering mit seinen drei Türmen abgebaut. Vom Ortspark am Ufer der Nims hat man einen traumhaften Blick auf die aufragende Burgruine.

An das Nimstal grenzt östlich das Tal der Kyll, die in der Nähe von Malberg das tafelartige Buntsandsteinplateau des Bitburger Gutlandes durchbricht. In dieser malerischen Flußlandschaft liegen auf zwei gegenüberliegenden Bergrücken das

Schloß Malberg und der Luftkurort Kyllburg mit seiner weithin bekannten Stiftskirche. Die barocke Schloßanlage Malbergs täuscht darüber hinweg, daß bereits im 11. Jahrhundert die Herren von Malberg hier auf dem Bergsporn in zwei voneinander getrennten Burganlagen residierten. Bei der Anfang des 18. Jahrhunderts begonnenen Neu- und Umgestaltung der mittelalterlichen Burg blieb nur die zweigeteilte Grundkonzeption erhalten. So schließt sich an den sogenannten »Altbau« der »Neue Bau«, das Herrenhaus an, welches nach dem Vorbild der Villa Valmarana, einem Werk des berühmten italienischen Architekten Andrea Palladio, entstand. Seine kostbare, original erhaltene Innenausstattung mit den einzigartigen bemalten Wandbespannungen ist sehenswert, doch kann man sie leider ebensowenig wie den Altbau und die schöne Garten- und Terrassenanlage besichtigen.

Das Ortsbild des benachbarten Städtchens Kyllburg wird von dem auf dem höchsten und äußersten Punkt des Felsens liegenden Stiftsbezirk dominiert. Gemeinsam mit der knapp 100 Jahre zuvor am unteren Bergrand erbauten Burg, von der heute nur noch der mächtige fünfgeschossige Bergfried existiert, verdankt er seine Entstehung dem politischen Kalkül des Trierer Erzbischofes Heinrich II. von Finstingen, der mit diesem Bauwerk die mit Luxemburg sympathisierenden Malberger brüskierte. Die vollständig erhaltene Stiftsanlage mit der einschiffigen Marienkirche, dem genau quadratischen Kreuzgang und dem Kapitelhaus zählt zu den schönsten Beispielen sakraler Bauensembles des 14. Jahrhunderts. Im Kircheninnern befinden sich einige kunsthistorische Schätze wie die Glasmalereien des 16. Jahrhunderts im Chorschluß, die steinerne Muttergottes aus der Mitte des 14. Jahrhunderts, das lebensgroße Triumphkreuz um 1300 sowie das ein Jahrhundert ältere Chorgestühl.

Bei der Weiterfahrt nach Bitburg verändert sich allmählich das Landschaftsbild. Weite, fruchtbare Hochflächen, die von zahlreichen sanften Tälern unterbrochen werden, prägen den Charakter des Bitburger Gutlandes, das, ähnlich wie das Maifeld, auf eine lange Ackerbautradition zurückblicken kann. Keltische Treverer, Römer und Franken schätzten seine ertragreichen Böden und das milde Klima, und noch heute spiegelt sich in der Archi-

Bitburg

tektur der großen Bauernhöfe seine Bedeutung als »Kornkammer der Südeifel« wider. Im Laufe seiner wechselvollen Geschichte wurden die meisten historischen Spuren vernichtet. Eine der wenigen Ausnahmen stellt die nahe bei Bitburg an der Römerstraße Trier–Bitburg–Köln im Jahre 1825 entdeckte römische Villa Otrang dar. Die ausgedehnte Anlage, die größte ihrer Art im Bitburger Land, stammt aus dem 2. bis 4. Jahrhundert und dokumentiert mit ihren vier erhaltenen, kunstvoll ornamentierten und teilweise Tierdarstellungen beinhaltenden Mosaikfußböden eindrucksvoll den hohen Lebensstandard der Römer.

Bitburg, das damalige kulturelle und wirtschaftliche Zentrum, präsentiert sich knapp 2000 Jahre später als moderne Stadt, die nicht wegen ihrer Geschichtsträchtigkeit, sondern wegen ihres Bieres international bekannt ist. Erst ein Besuch im Kreismuseum vergegenwärtigt ihre historische Rolle als keltische Siedlung Beda und römische Festung, die im Mittelalter erweitert und zum Sitz eines fränkischen Gaugrafen ausgebaut wurde. Die neuere Geschichte ist im Museum ebenfalls vertreten und zeigt neben der Darstellung bäuerlicher Wohnkultur zahlreiche Exponate des Töpfer- und Gußhandwerkes. Aus Speicher, der traditionellen Töpferstadt, kommen einige der Tonwaren, zahlreiche Taken- und Ofenplatten wurden in den Eisenhütten des in der Nähe gelegenen Ortes Eisenschmitt hergestellt.

Im Gegensatz zu Bitburg blieb in dem ehemaligen Burgstädtchen Neuerburg trotz vieler Zerstörungen einiges von dem historischen Stadtbild erhalten. Der Beilsturm, ein Überrest der früheren Stadtbefestigung, bietet einen Panoramablick auf den im romantischen Enztal, am Rande des Isleks gelegenen Ort. Charakteristischerweise thront die weitläufige Burgruine, die vom 12. bis 18. Jahrhundert immer wieder umgestaltet wurde, auf dem höchsten Punkt, einem steil abfallenden Felsgrat westlich über der Stadt. An die Hauptburg mit erhaltenem Palas und Torbau schließt sich die wegen ihres Bautyps und ihrer Innenausstattung kunsthistorisch interessante Nikolauskirche an, deren freistehender Glockenturm zugleich als Torturm des Burgringes fungierte. In diesem Bereich der Vorburg war auch das im Kern aus dem 17. Jahrhundert stammende Vogtshaus integriert. Unterhalb des Burgkomplexes breitet sich das Städtchen aus, das während des Großbrandes im Jahr 1818 seine mittelalterliche Fachwerkbausubstanz verlor, aber von seiner Anlage her mit verwinkelten Gäßchen noch immer einen historischen Charakter ausstrahlt.

Von Neuerburg führt der Weg erst enz-, dann prümabwärts in den Süden des deutsch-luxemburgischen Nationalparks, wo sich Prüm und Sauer tief in die Ausläufer des Luxemburger Sandsteinplateaus eingegraben haben. Eine der großartigsten Schluchten befindet sich zwischen Prümzurlay und Irrel. Hier verwandelt sich die Prüm in ein Wildwasser mit zahlreichen Stromschnellen, die als Irreler Wasserfälle bekannt sind. Wegen des warmen Klimas gedeiht in ihrer Umgebung eine mediterrane Pflanzenwelt. Von hier aus gelangt der Wanderer durch die »Teufelsschlucht« auf das Ferschweiler Plateau, das als Natur- und Kulturdenkmal zu den bemerkenswertesten Attraktionen der Eifel zählt. Nach 3 Seiten in bizarren Felsformationen in die Täler von Prüm und Sauer abstürzend, bildet es eine Naturfeste, die sich aufgrund ihres strategisch günstigen Charakters zu einer Urzelle menschlicher Kultur in der Eifel entwikkelte. Ein gut ausgeschildertes Wandernetz führt zu den archäologischen Fundstätten, die von der jüngeren Steinzeit (3. bis 2. Jahrtausend v. Chr.) bis in die römische Antike reichen. Aus der frühesten Zeit stammen die drei Menhire, von denen einer vermutlich im Verlauf der Eifelmissionierung in ein Kreuz, das sogenannte Fraubillenkreuz oder Frabillenkreuz, umgewandelt wurde. Die Menschen der Urnenfelderzeit (1200–700 v. Chr.) hinterließen die beiden Festungsanlagen der »Wikinger«- und der »Niederburg«. Gallo-römischen Ursprungs sind die »Kiesgräber«, geheimnisvoll in einer Waldlichtung gelegen, das bis auf Sockel und Relieffragment zerstörte Dianadenkmal sowie die der Bärengöttin Artio geweihte Inschrift in der zerklüfteten Felsschlucht, der sogenannten »Schweineställe« oder »Schweigestelle«.

Im Jahre 1965 entdeckte man am Rand des Ferschweiler Plateaus bei Ernzen eine weitere gallo-römische Kultstätte, den Tempel des keltischen Gottes Intrarabus, der originalgetreu rekonstruiert wurde. Mehrere Jahrtausende liegen zwischen dieser Anlage und der benachbarten, im vorigen Jahrhundert künstlich geschaffenen Grotten und Felslandschaft des »Ernzener Felsenweihers«. Ein anachronistisches Werk, das dem Zeitgeist des Rokoko entspricht, der sich beispielhaft in der Schloßarchitektur des nahe im Waldtal des Weilerbaches erbauten Schlosses manifestiert. Neben dieser herrlich renovierten Sommerresidenz besaß der letzte Abt des Echternacher Klosters auch in dem idyllischen an der Sauer gelegenen Ort Bollendorf ein Schloß, das von seinen Vorgängern aus einer mittelalterlichen Burg in ein barockes Anwesen modifiziert worden war. Nicht weit entfernt befinden sich die Grundmauern einer römischen Risalitvilla, ein letzter Rest der einst bedeutenden gallo-römischen Siedlung des Sauertales. Von Bollendorf bietet sich ähnlich wie von Prüm ein Blick über die Grenze, hier nach Luxemburg, an. Außer einem Abstecher in die Luxemburger Schweiz, wo die märchenhafte Ruine des Schlosses Beaufort steht, lohnt ein Besuch der alten Klosterstadt Echternach, die wegen ihrer Springprozession am Pfingstdienstag weithin bekannt ist. Auch das mittelalterlich geprägte Burgstädtchen Vianden mit seinem berühmten Pumpspeicherwerk, das von der Ourtalsperre gespeist wird, gilt als beliebtes Ausflugsziel.

LAND ZWISCHEN WITTLICH UND LUXEMBURG

Wer den „nördlichsten Süden“ bei Bollendorf verläßt und in die Wittlicher Senke fährt, den erwartet ein weites offenes Tal, das von den Öfflinger und Littgener Hochflächen auf der einen, den steil abfallenden Moselbergen auf der anderen Seite begrenzt wird. Mittendrin, am Flußlauf der Lieser, liegt die Stadt Wittlich, deren mildes Klima Tabak- und Weinanbau begünstigt. Ihr Name leitet sich vom lateinischen „Vitelliacum“ ab und weist auf die römische Siedlungsvergangenheit der Stadt hin, die der keltischen nachfolgte. Südöstlich von Wittlich, am Lieserufer beim Mundwald, hinterließen die Römer ein markantes Bauwerk, die größte diesseits der Alpen erbaute Villa aus dem 2. Jahrhundert n. Chr. Leider wurde ein Großteil dieser Anlage während des Autobahnbaus in den 70er Jahren zerstört, so daß die restlichen Mauerfragmente nur einen schwachen Abglanz von der einstigen Pracht und Großartigkeit vermitteln können. Nach dieser ersten Blütezeit erhielt die Stadtentwicklung erst im 13. Jahrhundert mit der Verleihung der Stadtrechte und 100 Jahre später mit der Errichtung der erzbischöflichen kurtrierischen Burg neue Impulse. Einen gravierenden Einschnitt stellt der Stadtbrand von 1647 dar, da er die mittelalterliche Bausubstanz vernichtete und gleichzeitig eine rege Bautätigkeit einleitete, die, trotz erheblicher Verluste, den Charakter des heutigen Altstadtkerns bestimmt. Dessen Zentrum, der Marktplatz, fasziniert in seiner Eigenart als einheitlicher Baukörper mit den schönen Bürgerhäusern des späten 17. Jahrhunderts und des Barocks. Das Rathaus (1647) mit seiner farbigen Spätrenaissancefassade, die großzügig gebaute ehemalige Posthalterei Thurn und Taxis und die beiden benachbarten Wohnhäuser Nr. 5 und 6 verdienen ein besonderes Augenmerk. Über den Dächern des Stadtzentrums ragt der Turm der St.-Markus-Kirche auf, die ähnlich wie die Prümer St.-Salvator-Kirche als gewölbte Pfeilerbasilika im Stil des späten Manierismus um 1720 erbaut wurde und über eine reiche Barockausstattung verfügt. Zu den besonderen Attraktionen einer Stadtbesichtigung zählt der Besuch der ehemaligen Synagoge von 1909/1910, ein besonders in seinem Dekor weitgehend vom Jugendstil beeinflußter Bau, der Zeugnis von der ehemals großen jüdischen Gemeinde der Stadt ablegt. Den Wittlichern eilt ihr Ruf als „Säubrenner“ voraus, dessen Ursprung in einer Legende wurzelt, die Anlaß zur jährlich am dritten Augustwochenende stattfindenden »Säubrenner-Kirmes« ist.

Großen Anteil an der Entfaltung der Stadt Wittlich besaßen die beiden in der Abgeschiedenheit zweier Bachtäler gegründeten Klöster Springiersbach und Himmerod. In ihrer Architektur spiegelt sich die Unterschiedlichkeit der Orden wider. So präsentiert sich vor der Silhouette des herrlichen Kondelwaldes die Klosterkirche der ehemaligen Augustinerchorherrenabtei Springiersbach als farbiger, reich mit Fenstern versehener Rokokobau, dessen prächtig gestaltete Westfassade ein dreigeschossiger Turm mit Zwiebelhaube und Laterne bekrönt. Im Kircheninnern rufen die in dunklen Farben gehaltenen Deckengemälde eine großartige Raumillusion hervor, die von der originalen Innenausstattung noch unterstützt wird. An den romanischen Vorgängerbau des Klosterensembles erinnert heute nur noch der Kapitelsaal im Ostflügel, der nicht zuletzt wegen seiner kunstvollen Kapitelle als eines der markantesten Artefakte romanischer Architektur in der Eifel gilt.

Gegenüber dem prachtvoll gestalteten und ausgeschmückten Sakralbau von Springiersbach erscheint die im oberen Salmtal gelegene Klosterkirche Himmerod auf den ersten Blick ausgesprochen schlicht und entspricht keineswegs den verbreiteten Vorstellungen eines barocken Bauwerkes. In Abhängigkeit von zisterziensischen Architekturnormen um 1735 auf den Fundamenten des ebenfalls romanischen Vorgängerbaues errichtet, stellt nur die reichverzierte, monumental wirkende Giebelfassade ein Zugeständnis an den barocken Zeitgeist dar, während sich das Innere der dreischiffigen Hallenkirche durch seine hohen, gotischen Raumverhältnisse auszeichnet. Seit den 20er Jahren, als man mit dem Wiederaufbau der aus dem 17. und 18. Jahrhundert stammenden Klostergebäude begann, denen in den 60er Jahren der der Kirche nachfolgte, herrscht in der ältesten Zisterzienserniederlassung der Eifel wieder monastisches Leben.

Aber nicht nur die Mönche aus Clairvaux erkannten den Liebreiz des stillen Salmtales. Zwei Wasserburgen, die Burg Bruch mit ihren charakteristischen Rundtürmen aus dem 14. Jahrhundert und die aus dem 16. Jahrhundert stammende Burg Dodenburg, die 1891–1894 im Stil der deutschen Renaissance nicht sehr vorteilhaft zum Schloß umgebaut wurde, belegen ebenso wie die Jagd- und Sommerresidenz der Äbte von Echternach in Dreis die Anziehungskraft dieser Landschaft auf geistliche und weltliche Würdenträger. Da sich alle drei Bauwerke im Privatbesitz befinden, können sie nur selten besichtigt werden. Doch auch ein Blick von außen lohnt und veranschaulicht den individuellen Charakter dieser Vertreter mehrerer unterschiedlicher Stilepochen, die auf engstem Raum die Variationsbreite adliger Wohnkultur in der Eifel dokumentieren.

Aus der Talniederung der Salm führt der Weg auf die »Klausener Höhen«, welche bereits Ausläufer der angrenzenden Moselberge sind. In dieser Übergangslandschaft von Eifel und Mosel liegt der Wallfahrtsort Klausen, der von der weithin sichtbaren Marienkirche überragt wird. Der asymmetrische, zweischiffige Hallenbau des 15. Jahrhunderts zählt zu den bedeutendsten Zeugnissen spätgotischer Sakralarchitektur der Südeifel und des Moselraumes, da er den Formenreichtum dieses Stils beim Außen- und Innenbau in voller Form in sich vereinigt. Dank der kunstvollen Lichtführung der hohen, spitzbogigen Maßwerkfenster offenbart sich dem Betrachter das an Kunstschätzen reiche Interieur der Kirche in seiner ganzen Schönheit. Außer dem Antwerpener Schnitzaltar von 1480 sind besonders Kanzel und Beichtstühle, beides Werke des Rokoko, das gotische Chorgestühl und das Renaissancegrabmahl Philipp v. Otteneschs sehenswert. Ein Besuch lohnt auch die über eine Mittelstütze netzgewölbte Bibliothek mit ihren Wandmalereien des 15. Jahrhunderts. Von der ehemaligen Klosteranlage stehen nur noch Remise, Brauhaus und Fremdenherberge, die alle aus dem 18. Jahrhundert stammen.

LITERATURHINWEISE

Backes, Magnus, Burgen und Stadtwehren der Eifel, Neuwied 1966
Büchel, G./*Krawczyk,* E., Zur Genese der Dauner Maare im Vulkanfeld der Westeifel, Mainzer geowiss. Mitt. 15, S. 219–238, 1986
Cremer, Drutmar/*Steinicke,* Gabriele u. Bernd, Maria Laach. Münster und Mönche am See, Limburg 1989
Dettmann, Rolf/*Weber,* Matthias, Das Kylltal in der Eifel und seine Umgebung. Ein kulturgeschichtlicher Streifzug, Köln 1986
Dettmann, Rolf/*Weber,* Matthias, Eifeler Bräuche im Jahreskreis und Lebenslauf. Ein Bilder- und Lesebuch für alt und jung, Köln 1981
Frechen, Josef/*Hopmann,* Michael/*Knetsch,* Georg, Die vulkanische Eifel. Eine Übersicht über die vulkanischen Bildungen im Gebiet des Laacher Sees, der Maare und der Hocheifel, Bonn, 4. Aufl. 1978
Gondorf, Bernhard, Die Burgen der Eifel und ihrer Randgebiete. Ein Lexikon der »festen Häuser«, Köln 1984
Haaren, Christina von, Eifelmaare. Landschaftsökologisch-historische Betrachtung und Naturschutzplanung, Pollichia-Buch 13, Bad Dürkheim 1988
Hanle, A. (Hrsg.), Eifel, Meyers Naturführer, Mannheim 1990
Hentschel, Gerhard, Die Mineralien der Eifelvulkane, München 2. Aufl. 1987
Houben, Arne/*Mirkes,* Dietmar, Die Eifel. Ein Touren- und Lesebuch, Köln 2. Aufl. 1991
Huber, Heide, Römische Reise – per Rad durch die Eifel, Köln 1988
Kaufmann, Karl L., Aus Geschichte und Kultur der Eifel (Reprint der Ausgabe von 1927), Aachen 1988
Kinkel, Gottfried, Die Ahr. Eine romantische Wanderung vom Rheintal in die Hohe Eifel, eingel. und hrsg. v. H. Koehs, neu bearb. Aufl. nach der 1849 ersch. 2. Aufl., Köln 1976
Kremer, Bruno P./*Steinicke,* Bernd (Hrsg.), Eifelmaare. Streifzüge durch eine faszinierende Landschaft, Köln 1992
Lehmann-Brauns, Elke, Hölle, Pest und Wölfe: Basaltlava-Kreuze der Eifel, Köln 2. Aufl. 1989
Meyer, Wilhelm, Geologischer Wanderführer: Eifel, Stuttgart 1983
Naumann, Hans, Ahrgebirge – Osteifel (Kompass-Wanderführer »per pedes«), Ostfildern 1991
Naumann, Hans, Deutsch-Belgischer Naturpark – Nordeifel – Hohes Venn (Kompass-Wanderführer »per pedes«), Ostfildern 3. Aufl. 1991
Pippke, Walter/*Pallhuber,* Ida, Die Eifel, Entdeckungsreisen durch Landschaft, Geschichte, Kultur und Kunst – von Aachen bis zur Mosel (DuMont Kunstreiseführer) Köln 1984
Purpar, Rolf, Reisebuch Nordeifel, Aachen 1992
Reuter, Matthias, Beiträge zur Geschichte der Hocheifel. Land zwischen Adenau und Daun, Schleiden 1979
Rieder, E. u. G./*Brauns,* H.J., Die Fossilien der Gerolsteiner Kalkmulde, Gerolstein 1982
Sagen und Legenden der Eifel, gesammelt und bearbeitet von Hans-Peter Pracht, Köln 3. Aufl. 1988
Schmitz, Heinz-Josef/*Murk,* Wilfried, Die Eifel, Köln 1983
Völz, Thomas, Kursbuch Natur, Nordeifel/ Hohes Venn, Aachen 1986
Wrede, Adam, Eifeler Volkskunde, Würzburg 3. Aufl. 1983

ORTSREGISTER

(Kursive Ziffern verweisen auf Abbildungen)

Rollei fototechnic *Fotografiert mit dem Rolleiflex-6008-System*